# 태도와 설득

'… 이 분야에 입문하는 학생들은 엄청난 양의 이론과 연구들에 접하게 되어, 지도가 없이는 도저히 다 파악할 수 없을 정도이다… 이 작은 교과서는 바로 그러한 지도를 제공해 주고 있다… 글의 스타일이 "무겁지 않고" 일상 생활에서의 예들을 많이 들고 있어, 재미있고 따라가기 쉬운 지침서가 될 것이다.'

Nick Hopkins, University of Dundee

이 책 **태도와 설득**은 태도가 우리의 일상 생활에서 하는 중요한 역할, 그리고 그것이 우리의 사고와 행동에 어떻게 영향을 주는지에 관한 지금까지의 연구들을 개관해 주고 있다. 태도의 성질, 기능, 근원들에 대하여 검토하고 있으며, 또한 그것들을 어떻게 측정할 수 있는지를 살펴보고 있다. 이 책은 우리가 항상 우리의 태도와 일치되게 행동하는가, 그리고 어떤 요인들이 우리로 하여금 태도를 바꾸도록 설득할 수 있는가와 같은 복잡한 문제들도 다루고 있다.

Phil Erwin은 사회심리학이라는 이 주요 분야를 이해하기 쉽게, 이러한 문제들에 관하여 처음 공부하는 다양한 학부생들에게 적절하도록 저술하였다.

**Phil Erwin**은 Ormskirk에 있는 Edge Hill 대학에서 심리학을 가르치고 있다. 그는 사회심리학을 20년 넘게 연구하였으며, 이 시리즈에 있는 아동기와 청소년기의 친구관계의 저자이기도 하다.

# 심리학 포커스

시리즈 편집자: Perry Hinton, Luton 대학교

심리학 포커스 시리즈는 심리학 핵심 주제 분야들에 대한 새로운 초점을 제시해 주고있다. 이 시리즈는 심리학 학위나 통합 프로그램을 위해 심리학 과목들을 택하는 학생들, 그리고 심리학 관련 분야의 자격을 갱신하려는 학생들을 뒷받침하기 위해 마련되었다. 시리즈의 각 권은

- 심리학의 각 분야를 많은 예를 들어가며 명쾌하고 깊이 있게 다루고 있으며
- 독자들이 심리학에 관한 선행 지식이 없다고 가정하며
- 경험이 많은 교수들이 집필했으며
- 각 장의 요약, 주석을 붙인 읽을거리, 그리고 주요 용어해설을 싣고 있다.

이 시리즈에서 이미 출간된 다른 책들은 다음과 같다.

Alan Carr: *Abnormal Psychology*

Colin Cooper: *Intelligence and Abilities*

Hugh Wagner: The *Psychobiology of Human Motivation*

S. Ian Robertson: *Types of Thinking*

James Hartley: *Learning and Studying*

Jo Brunas-Wagstaff: *Personality: A Cognitive Approach*

Nik Chmiel: *Jobs, Technology and People*

Perry R. Hinton: *Stereotypes, Cognition and Culture*

Peter Ashworth: *Psychology and 'Human Nature'*

Phil Erwin: *Friendship in Childhood and Adolescence*

Vivien Burr: *Gender and Social Psychology*

Tony Cassidy: *Stress, Cognition and Health*

# 태도와 설득

Attitudes and Persuasion

Phil Erwin 지음

고은경 옮김

Psychology Press · Taylor & Francis Group

Σ 시그마프레스

# 태도와 설득

발행일 | 2006년 4월 1일 초판 1쇄 발행

저자 | Phil Erwin
역자 | 고은경
발행인 | 강학경
발행처 | (주) 시그마프레스
편집 | 이미수
교정 · 교열 | 주현식

등록번호 | 제10-2642호
주소 | 서울특별시 마포구 성산동 210-13 한성빌딩 5층
전자우편 | sigma@spress.co.kr
홈페이지 | http://www.sigmapress.co.kr
전화 | (02)323-4845~7(영업부), (02)323-0658~9(편집부)
팩시밀리 | (02)323-4197

인쇄 | 남양인쇄 제본 | 세림제책

ISBN | 89-5832-074-5 가격 | 8,000원
89-5832-129-6(세트)

**Attitudes and Persuasion**

# 차 례

Contents

# 서 문

Series preface

심리학 포커스 시리즈는 심리학의 핵심 분야들에 대해 독자가 각 분야에 대해 선행지식이 없다고 가정하면서 최신의 설명을 간명하게 제시해 준다. 심리학은 사회학, 교육학, 간호학, 경영학 등 다양한 학문 분야와 관련이 있기 때문에 많은 사람들이 공부하기를 선호하는 분야이다. 이 시리즈의 교재들은 가격이 비교적 저렴한 데 비해 각 분야의 내용을 집약적으로 다루고 있어서 심리학 전문가들도 부족함을 느끼지 못할 정도의 상세함과 비전문가들도 충분히 이해할 수 있을 정도의 명료함을 겸비하고 있다.

이 시리즈의 저자들은 연구는 물론 학부 교수에 있어서도 경험이 많은 학자들이다. 이들은 자신의 전공 분야에서 핵심 주제를 선정하고 그에 대한 간명한 개관을 제시하고 있는데, 주요 쟁점들을 강조하고 이론과 연구결과를 함께 다루고 있다. 또 각 분야의 여러 측면들에 대해 용어해설을 덧붙여 명확하게 설명해 주고 있다.

이 시리즈는 지난 10여 년간 고등교육이 점차 모듈화(modularisation)되는 추세를 반영하여 기획되었으며, 특정 주제를 바탕으로 하는 명확하고 집약적인 교재에 대한 필요를 충족시키고 있다. 모듈화 프로그램을 수강하는 학생들은 하나의 교과과정을 따르기보다는 다양한 학문 분야에서 여러 모듈을 선택함으로써 특정학위를 취득하는 데 필요한 모듈을 보완할 수가 있다. 이제는 더 이상 특정 모듈을 공부하는 학생들이 그 분야에서 동일한 배경지식을 가지고 있을(또는 가지고 있지 않을!) 것이라고 가정할 수 없게 되었다. 그러나 학생들은 특정 주제에 친숙해질 필요가 있을 것이다. 한 주제를 다루는 하나의 모듈이 15주밖에 지속되지 않고, 그 기간 동안에 평가가 이루어질 수 있기 때문이다. 학생들은 자신이 속한 연구 프로그램을 끝내면서 학위를 취득할 수 있기 위해서는 한 해에 여덟 개 혹은 그 이상의 모듈을 결합해야 할 수도 있다.

일련의 모듈들을 공부하는 과정에서 있을 수 있는 한 가지 문제는 특정한 주제의 적절성 또는 주제들 간의 관련성이 뚜렷하지 않을 수도 있다는 점이다. 심리학 포커스 시리즈의 저자들은 설명하고자 하는 내용을 가급적 실제적인 예를 들어 뒷받침해 줌으로써 독자들이 자신이 공부하는 주제의 적절성을 보다 넓은 시각에서 볼 수 있도록 하였다. 또한 심리학의 공부는 통상적으로 사회심리학, 발달심리학, 인지심리학 같은 별개의 분야들로 나누어서 이루어지는데, 심리학 포커스 시리즈의 집필자들은 이러한 '전통적' 분야의 핵심 주제들을 훌륭하게 다루어 내고 있는 한편으로, 예를 들거나 설명을 하는 데 있어서 심리학의 전 분야에 걸쳐 분야에 제한을 두지 않고 자료를 인용함으로써 학생들이 현재 공부하고 있는 주제를 더 완전하게 이해할 수 있도록 돕고 있다.

심리학 포커스 시리즈의 각 권은 독자들에게 특정 주제에 관한 중요한 자료들을 광범위하게 제공해 주고 있다. 이 시리즈의 책들은 상당히 포괄적이며, 각 분야의 중요한 쟁점들을 명쾌하게 설명해 주고 있다. 저자들은 최신의 주요 연구들을 상세히 개관해 주고 있을 뿐 아니라, 관련 연구자료를 분석하고 해석해 주고 있다. 또한 최근의 참고자료들을 더 읽을거리들과 함께 제시하고 있어 독자들이 각 분야를 더 깊이 있게 연구할 수 있도록 해 준다. 이로 인해 심리학 포커스 시리즈의 각 권에서 핵심 주제에 관한 개관을 읽은 독자들이 그 분야의 쟁점들을 분명하게 이해할 뿐만 아니라, 그 분야에 흥미를 느끼고 더 연구해 보고 싶은 생각을 갖게 되기를 희망한다.

1장

# 태도: 정의 및 이론들



Chapter 1

## 서론

태도는 우리들의 일상 생활에서 중요하다. 태도는 우리로 하여금 우리 주변의 환경을 해석하게 해주고 사회적 상황에서 우리가 어떻게 행동할 것인지의 지침이 되어 주며, 우리의 경험들을 우리에게 의미있는 하나의 전체로 조직화해 주는 역할을 한다. 태도가 없다면 이 세상은 훨씬 더 예측하기가 어려운 곳이 될 것이며, 우리는 거기에서 효율적으로 기능하기가 더 어렵게 될 것이다. 예를 들어 태도라는 것을 개입시키지 않고는 다른 사람들과 어떠한 관계도 형성, 유지시키는 것이 불가능해질 것이다. 당신이 다른 사람들을 어떻게 생각하는지, 당신에게 중요한 특성들은 어떤 것이며 당신은 그것들을 어떻게 평가하는지가 대인 태도의 요소들인 것이다. 또한 당신이 가지고 있는 태도는 당신이 다른 사람들에 대하여 가지고 있는 신념이나 평가에 대하여 어떻게 행동할 것인가에 영향을 주게 될 것이다. 그 타인이 당신이 모르는 사람일 경우, 당신이 그들에게 접근해서 말을 거는 것이 적절한가 아니면 그냥 그들의 프라이버시를 존중해 주어야 하는가? 그것은 또한 당신이 현재 처해 있는 상황을 당신이 어떻게 해석하느냐에 따라 달라진다. 그 타인이 당신이 아는 사람인 경우에는 당신의 태도가 그 사람과 어떻게 사회적 교류를 할 것인지를 결정해 주는 지침이 될 것이다. 태도는 당신이 그들과 이야기를 나누기에 적절하다고 판단되는 주제가 무엇인지, 당신과 그들과의 관계에서 그들이 어떻게 행동할 것으로 당신이 예상하는지, 또한 당신이 그 사람들에 대해 어떻게 느끼는지를 결정해준다. 이 책에서, 나는 태도의 성질과 구조, 개인의 적응과 기능에 있어서의 태도의 중요성, 태도가 어떻게 변화하거나 혹은 변화될 수 있는지에 관한 중요한 이론들 중 몇 가지를 소개할 것이다. 태도를 최초로 사회심리학 내의 중심적 위치에 가져다 놓은 것으로 흔히 Thomas와 Znaniecki(1918)의 논문을 든다. 그들은 태도를 '어떤 사람이 무엇을 보고 듣고 생각하고, 그리고 아마도 하는지를 결정하는 것' 으로 보았다. 그들은 심지어 사회심리학을 '태도의 과학' 으로까지 정의하였다! 그것보다는 좀 덜 야심적이지만 Allport(1954)는 태도를 '아마 미국 사회심리학에서 가장 독특하고 불가결한 개념일 것이다. 실험적 그리고 이론적 문헌에서 이것보다 더 자주 언급되는 용어는 없다' 라고 기술하였다. 이것은 반세기 전만 하더라도 사회심리학 내에서 태도에 관한 연구가 지배적이었음을 보여준다. 비록 오늘날 그 영향력이 감소하긴 했으나 태도는 아직도 사회심리학 내에서 주요 연구 영역 중 하나이다.

태도(attitude)라는 용어는 라틴어 aptus에서 온 것인데, 그것은 또한 적성(aptitude)이라는 단어의 어원이기도 하며, 그것은 준비됨 혹은 적응의 상태를 의미한다. 이러한 분석들을 심리학적으로 말하자면 우리는 태도를 '어떤 사람에게 행동을 준비하는 주관적 혹은 심리적 상태를 제공하는 것' 으로 받아들일 수 있다. 태도라는 용어의 가장 형식적인 정의들은 구체적으로 혹은 함축적으로 정신적 준비됨의 상태라는 태도의 개념을 포함한다. 그렇지만 각기 다른 연구자들이 이 기본적 개념을 어떻게 상세히 설명하고 있는가에 있어서는 아직도 상당한 차이가 있다. 그 중 몇 가지 정의들을 검토해 보는 것이 도움이 될 것이다.

## 정의

먼저 태도란 무엇인가를 생각해 보는 것으로 시작하는 것이 가장 적절할 듯하다. 이 용어는 일상에서 자주 쓰이는 것이기 때문에 이것은 언뜻 이상한 질문처럼 보일지도 모른다. 그러나 바로 그것이 우리가 이것을 정의해야 하는 이유이다. 즉, 그렇게 함으로써 거기에 아주 특정한 심리학적 의미를 부여하기 위해서이다. 일상생활에서 우리는 어떤 사람이 어떤 태도를 가지고 있다고 말한다. 실제로 우리는 모두 어떤 태도, 그리고 사실 많은 태도들을 가지고 있다! 이 경우 태도는 어떤 대상, 흔히 권위에 대한 적대적인 자세를 나타내는 것이다. 재미있게도 18세기에는 태도라는 용어가 거의 자세를 의미하는 것으로만 사용되었다. 그러니 아마도 당시의 미술가들은 자기 모델에게 "뒤로 기대는 '태도'를 취해 달라"라고 자주 말했을 것이다! 이렇듯이 태도라는 말의 일상적 의미들이 심리학자들이 사용하는 태도라는 용어의 의미를 명확하게 반영하지는 못하지만 거기에 대한 통찰을 제공해 준다. 또한 그 초기의 개념이 우리의 태도에 대한 이해가 증진됨에 따라 어떻게 발전되었는지를 살펴보는 것이 도움이 될 것이다.

### 초기의 정의들

태도의 아주 초기 정의들 중의 하나로, Thomas와 Znaniecki(1918)는 '한 개인의 어떤 대상에 대한 마음의 상태'라고 간단히 정의하였다. 여기서 우리는 지향(orientation), 혹은 행동에의 적합성(fitness for action)이라는 기본적인 아이디어를 볼 수가 있다. 또한 그들이 '대상' 이라는 말을 구체적으로 언급한 것에 주목해야 한다. 태도란 항상 무엇인가를 향한 것이다. 그것은 물질적 대상일 수도 사람일 수도, 혹은 자선 단체에 돈을 기부하는 것과 같이 보다 추상적인 것일 수도 있다. 그것은 흔히 '심리적으로 중요한 대상' 이라고 표현되는데, 이것은 우리가 반드시 모든 대상에 대하여 태도를 지니는 것은 아니며 단지 우리에게 개인적으로 중요하고 적절한 것에만 그렇게 한다는 것을 알려 준다. 우리 주변 세계의 중요한 면들에만 초점을 맞춤으로써 우리의 한정된 인지적 자원을 경제적으로 사용할 수 있게 된다.

물론 Thomas와 Znaniecki의 정의에서 몇 가지 의문이 제기될 수 있는데, 예를 들어 '마음의 상태' 라는 것이 실제로 무엇을 의미하느냐는 것이다. 또한 어떤 대상이 그 사람의 태도의 포커스가 될 것인지를 결정하는 것은 무엇인가? 그 후에 나온 Thurstone(1931)의 정의는 이러한 문제들에 대하여 최소한 어느 정도는 명확히 설명해 주고 있다. Thurstone은 태도를 '어떤 심리적 대상에 대한 좋거나 싫은 정서' 라고 정의하였다. 여기에서 심리적 대상이 태도의 포커스가 된다는 점에서는 아직 인지를 함축하고 있지만, 태도라는 것을 주로 정서나 감정으로 파악하고 있다. 그리고 그 정서는 긍정적 혹은 부정적일 수 있는데, 예를 들어 대인 태도는 긍정적 혹은 부정적일 수 있다. 즉, 우리는 어떤 사람들은 좋아하고 다른 어떤 사람들은 싫어한다.

물론, 우리는 태도라는 것이 가설적인 개념임을 인정해야 한다. 그 존재를 직접 볼 수도, 측정할 수도 없다. 우리는 사람들의 행동을 통해 그들의 태도를 단지 의식할 뿐이다. 그것은 우리가 직접 관찰하는 행동일 수도 있고, 그 사람의 자기 보고일 수도 있다. 만약 내가 당신이 초콜릿을 먹고 있는 것을 볼 경우, 나는 당신이 특정 상표의 초콜릿에 대하여 혹은 아마 초콜릿 일반에 대하여 긍정적인 태도를 가졌을 것이라고 가정할 수 있다. 마찬가지로, 어떤 음식에 대한 선호를 진술하는 것은 태도를 반영하는 언어적 행동이다. 태도 척도에 답하는 것도 또한 태도의 행동적 측정이다. 이것 자체가 우리의 태도를 구성하는 것은 아니다. 이것은 단지 우리가 어느 영역에서의 우리의 태도를 비교적 신속하고 편리하게 자기 보고할 수 있게 해주는 방법일 뿐이다. 태도에 관한 이러한 어떤 표현도 직접적인 것은 아니다. 즉, 그것들은 태도의 평가 방법으로써 각기 약점을 지니고 있는데 그것은 다음 장에서 좀더 논의될 것이다.

## 한 유명한 정의

아마도 가장 유명한 태도의 정의는 Gordon Allport(1954)의 것으로, 그는 태도를 '어떤 사람(혹은 물건)에 대하여 특정한 방식으로 생각하고 느끼고 행동하려는 학습된 성향' 이라고 정의하였다.

이 정의는 언어적으로 아주 경제적이어서 거의 한 단어 한 단어가 모두 중요하며 설명할 가치가 있다. 첫째, '학습된' 이라는 단어에 주목해 보자. 이것은 태도가 사회적으로 구축된 것임을 강조한다. 즉 그것은 경험의 결과이다. 우리는 처음부터 어떤 대상이나 집단에 대하여 긍정적 혹은 부정적 태도를 가지고 태어나는 것은 아니다. 상당히 최근까지만 하더라도 거의 모든 이론가들이 태도는 학습되는 것, 완전히 다 학습되는 것이라고 주장했을 것이다. 많은 사회심리학자들이 아직도 그렇게 주장할 것이다. 그러나 그것은 점차 지지받기가 어려워지고 있다. 최근의 연구는 사회심리학자들로 하여금 어떤 태도들의 기초, 혹은 적어도 태도 획득의 성향은 생물학적으로 유전되는 것일 수 있음을 인정하지 않을 수 없게 만들었다. 인지적 발달이나, 어떤 대상들은 본래 공포를 유발하는 것으로 간주하는 성향과 같은 요인들을 부인하기는 어렵지만 그것이 태도가 생득적이거나 불가피한 것임을 의미하지는 않는다. 경험이 태도의 궁극적 결정 요인인 것이다.

Allport의 정의에서 두 번째 주요 용어는 '성향'(predisposition)이다. 이것은 매우 중요하다. 이것은 태도가 그 대상과 연합되기 이전에 이미 존재하는 것으로, 실제로 그 대상에 대한 반응을 편파적으로 만든다는 것을 함축한다. 가장 간단한 수준의 것이 긍정적 혹은 부정적으로 반응하는 경향이다. 그러나 이것은 또한 태도에 좀더 지시적인 역할을 부여하는 것으로, 즉 태도를 우리가 그것을 통해 세상을 보는 스키마(schema)나 틀(framework)로 볼 수도 있다. 나는 흔히 태도를 세상의 창문과 같은 것으로 비유한다. 마치 창틀이 바깥 세상에 대한 전망을 제한하듯이, 태도의 형태가 당신이 무엇을 보며 그리고 그에 대하여 당신이 어떻게 해석할 수 있는지를 결정한다. 그 좋은 예로서, 미식 축구 응원자들은 공정한 태도와는 거리가 먼 자신들의 태도에 부합되는 면만 경기에서 보고자 하는 경향이 있다. 그들은 상대팀으로부터는 반칙을 더 잘 발견해 내고, 자신의 팀에게서는 좋은 득점 기회들을 잘 포착해내는 경향이 있다.

Allport의 정의의 핵심은 때로 태도의 삼자 모형(the triadic model of attitude, 뒤에서 다시 자세히 논의됨)이라 불리우는 것을 말한다. 삼자의 세 요소는 정서, 인지, 그리고 행동이다. 태도의 이러한 다차원적 관점은 거의 모든 사람들에게 아주 설득력을 가진다. 즉, 우리가 어떤 것 혹은 어떤 사람을 좋아할 경우(정서), 우리는 또한 그 대상들에 대해 긍정적으로 생각하는(인지) 경향이 있으며, 그 물건이나 사람과의 접촉을 원하거나 혹은 피하고자 한다(행동). Allport가 이러한 세 요소를 성향들로 말한 점, 그리고 태도는 한 개인의 내부에서 일어나는 일종의 잠재적 처리 과정(latent process)이며, 그것은 단순히 어떤 사람의 관찰된 행동에서 볼 수 있는 규칙성 이상의 어떤 것이라고 말한 점에 주목할 필요가 있다. 사실, 성향이라는 용어는 아주 중요한데, 그 이유는 이 모형에서의 세 요소들이(특히, 행동적 요소) 항상 밀접하게 연관되어 있는 것 같지는 않기 때문이다. 이 점은 삼자 모형의 타당성과 실용성에 대하여 의문을 제기시켰다.

마지막으로, Allport의 정의는 태도가 특정한 반응들을 포함한다고 한다. 다시 말해, 그것은 태도 대상과 연합된 좀더 분명하고 구체적인 인지적, 정서적, 행동적 반응들을 포함한다. 또한 그것들은 비교적 일관성 있고 지속적인데, 이것은 태도가 어떤 사람에게 있어 적응적 가치를 갖기 위해서는 중요한 점이다.

### 한 최근의 개관

우리는 태도의 정의에 관한 초기의 연구들이 두 가지 범주로 묶여질 수 있음을 보았다. 그 한 그룹은 태도를 단차원적인 것으로 보며, 거기에 수반되는 정서적 혹은 감정적인 반응에 관심을 가진다. Thurstone(1931)의 정의가 이러한 접근의 좋은 초기의 예이다. 좀더 최근의 예는 Ajzen과 Fishbein(1980)의 정의로, 태도를 '어떤 심리적 대상에 대한 어느 사람의 평가'로 보고 있다. 두 번째 그룹은 태도에 대한 다요소적(multi-component) 접근을 주장하는 것으로서 흔히 정서, 인지, 행동을 똑같이 강조한다. Allport(1954)의 정의가 여기에 속한다.

이 두 그룹의 이론들 모두가 정서의 중요성을 인정하며, 정도의 차이는 있으나 인지 또한 인정한다. 많은 현대 이론들의 주요 관심사는 거기에 행동이 또한 포함되어야 하느냐 하는 것이다. 관찰 가능한 행동의 패턴과 태도의 인지, 정서적 요소 간의 관계에 관한 연구 결과들은 일치되지 않았다. 그 결과 연구자들이 이러한 관계가 태도의 강도, 집단의 규범, 혹은 그 태도가 그 개인에게 하고 있는 특정한 기능에 의해 어떻게 영향받는가를 알아내고자 하게 되었다(Maio & Olson, 2000; Petty & Krosnick, 1995; Terry & Hogg, 2000). 반면, 다른 많은 연구자들은 태도와 행동이 직접적으로 강하게 연관되어 있다는 생각을 약화시키고, 대신 행동 의도(Ajzen & Fishbein, 1980)에 관해 말하고자 하게 되었다.

연구 결과들은 상반되었으며, 태도의 단차원적 혹은 다차원적 정의 중 어느 것이 더 지지를 받을 수 있는지의 문제는 아직도 결정나지 않았다. 일부 학자들은 어느 한 관점을 선호하기에는 아직 너무 이르다고 주장하게 되었다(Chaiken & Stangor, 1987). 반면 다른 학자들은 차원성(dimensionality)은 우리가 알고자 하는 그 특정한 태도에 따라 달라진다고 주장하였다(Breckler, 1984). 이러한 논쟁은 수십 년간 이어져 왔으며 앞으로도 얼마간은 계속될 것이다.

## 태도의 기능

많은 학자들이 태도라는 심리학적 **구조**를 기술하려 했지만, 이에 대한 한 가지 대안적 접근은 그것이 한 개인에게 해주는 기능들로서 그것들을 밝히는 것이었다. 물론 이 두 가지가 반드시 서로 배타적인 것은 아니다. 즉, 어느 태도가 그 사람에게 있어 한 가지 혹은 여러 가지 기능을 할 수 있으며, 마찬가지로 어느 태도가 그 사람에게 행하는 기능들은 시간이 흐르면서 달라질 수 있다. 예를 들어 어느 십대가 처음에는 자기가 원하는 집단에 들어가기 위해 어떤 태도를 표명하지만, 나중에는 그 태도 구조를 다른 경험들과 사람들을 평가하는 데에 사용할 수 있다. 많은 기능적 이론들이 제시되었는데, 그 이론들은 태도가 하는 네 가지 중요한 기능들을 주로 제안하고 있다(Snyder & DeBono, 1989). 그러나 그것들은 연구자에 따라 다르게 불리운다. 아마도 가장 잘 알려진 태도의 기능적 분석은 Katz(1960)에 의해 제안된 것이리라. 그가 주장한 태도의 네 가지 기본적 기능들이 다음에 기술되어 있다.

### 도구적 기능

이것은 또한 적응적 혹은 실용적 기능이라고도 불리운다. Katz는 행동주의 심리학을 이러한 기능의 현대적 표현으로 보았다. 이러한 기능을 하는 태도는 한 개인으로 하여금 그의 보상을 최대화하도록 도와준다. 즉, 태도는 그 사람에게 어떤 유용성을 가진다. 당신이 어떤 팝 음악 그룹이나 어떤 스타일의 음악을 좋아할 경우 그것은 당신이 속한 사회 집단 속에서 당신이 잘 받아들여질 수 있도록 해준다. 따라서 그 태도를 가지고 그것을 표현하는 것은 당신에게 있어 보상적 가치를 갖게 될 것이다. 물론 태도의 이러한 적응적 기능이 현재 혹은 과거에 유용하여 지금까지도 그 사람에게 그냥 지속되고 있을 수 있다. 예를 들어 어떤 어린 아이가 어느 집단에 대하여 편견적인 태도를 보였는데, 그것이 부모와 같이 그 아이에게 중요한 어른들에 의해 긍정되었을 수 있다. 아주 어린 아이의 경우 이러한 부모의 인정은 지극히 큰 보상이 될 수 있으며, 따라서 그 태도는 한층 강화된다. 이러한 것은 나중에 성인이 되어 그러한 태도가 가져다 주는 보상이 더 이상 없을 뿐 아니라 오히려 부정적인 결과를 가져 오게 되었을 때까지도 매우 극복하기가 힘든 편견적 태도 형성의 시초가 될 수 있다. 이것은 '보상적 가치를 가지는 태도'라는 면에서 재미있는 문제를 하나 제기한다. 행동심리학에 의하면, 간헐적으로 보상받은 태도가 그것이 기대될 때마다 매번 보상받은 태도보다 더 강하게 유지될 것으로 기대된다! 이것은 모순적으로 들릴 수 있지만 조금만 더 생각해 보면 그 의미가 분명해진다. 그 예로서, 몇 년 전에 저녁 뉴스에서 극우파 정치 집단의 시위 행진에 관한 짧은 필름을 보여주었다. 거기에 대응하여 좌익 집단의 행진이 있었다. 이 뉴스 필름은 이 두 집단이 충돌하고, 그 중 몇 사람이 홀로 잡혀서 상대 집단 사람들로부터 구타를 당하는 장면들을 보여주었다. 반대편으로부터 구타당하는 것이 그 사람들에게 긍정적이고 보상적인 경험이 되지 못한다는 것은 말할 필요도 없다. 그렇지만 당신은 그것이 그들의 태도를, 우익이든 좌익이든, 약화시켰으리라고 생각하는가? 그것이 오히려 그 태도를 강화시켰으며, 그 불운한 희생자들이 가지고 있던 그 반대편에 대한 반감이 그들에게서 당한 것으로 인해 더욱 강화되었을 가능성이 훨씬 많을 것으로 보인다.

## 자아 방어적 기능

태도에 적응적 기능이 있음을 나는 이미 언급하였다. 그것은 우리에게 세상에 대한 조망을 제공해 줌으로써 우리를 어려운 바깥 현실로부터 보호해주고, 우리 자아에의 충격을 완화시켜 주며, 우리에게 보상을 준다. 우리가 가지고 있는 태도는 우리로 하여금 자신에 대해 긍정적으로 느끼도록 도와 줄 수 있다. 그러나 그것의 논리적 결론을 따르자면, 그것은 또한 우리들의 세상에 대한 해석을 편파적으로 만든다. 그것이 어느 정도 내에서는 그리 중요하지 않겠지만, 이러한 이기적인 편파성과 자기 보호가 극에 이를 경우, 사람이나 사물, 사건들에 대한 우리들의 지각은 심하게 왜곡되어 우리들은 심리적으로 심한 장애를 받을 수 있다. 편견적 태도는 흔히 태도의 자아 방어 기능의 예로 들어진다. 그 표적은 편견을 가진 사람에 의해 정해지며, 그들의 편견은 스트레스를 받거나 자신에게 위협으로 느껴지는 것이 있을 때 더욱 심해진다. 예를 들어 직장에서 해고된 사람의 경우 해고 전보다는 그 일이 일어난 직후에 더 편견을 가질 수 있다. 그것은 편견의 표적과 편견을 가진 사람이 해고되는 것과의 사이에 반드시 어떤 관계가 있기 때문은 아니다. 단지 그것은 그 사람의 자아와 자존감 유지를 위해 소수 집단이 그 희생양으로 사용된다는 것이다. Katz는 프로이드 심리학과 신프로이드 심리학이 특히 동기의 이러한 면과 그 결과에 관심을 가졌다고 주장하고 있다.

### 가치 표현적 기능

태도는 사람들의 자아개념을 유지시켜 주고 거기에 불가결한 것이기 때문에 중요하다고 할 수 있다. 따라서 이러한 가치나 태도를 표현하고 확인 받는 것은 그 사람에게 만족을 준다. 이것은 십대 초반의 아이를 둔 부모들에게는 자명해 보인다! 십대 시절은 아이에게 있어 또래 집단이 아주 중요해지는 시기로 널리 알려져 있다(사실 그 정도에 있어서는 흔히 좀 과장되어 있다는 것을 안다면 많은 부모들이 안심이 되겠지만!). 십대에게 있어 그 또래 집단 내에서 받아들여진다는 것은 매우 중요하고, 많은 태도들이 그들과의 이러한 결속을 표현하기 위해 사용된다. 음악, 옷 입는 스타일, 그리고 다른 여러 라이프 스타일의 요소들에 대한 태도들이 바로 그것이다. 이러한 태도들이 그들과 부모와의 사이에 갈등을 가져올 수 있는데, 그것은 가치 표현적 기능이 상대적인 것임을 강조해 보여주는 것이다! 태도가 어떤 영역에서는 자기 이미지를 유지시켜 주고 집단의 구성원이 되는 것을 도와주는 역할을 할 수 있지만, 그러나 거기에서 표현된 태도가 어디서나 보편적으로 존중받는 것은 아니다. 이러한 사실은 그 태도를 지니고 있는 사람에게 중요한데, 그 이유는 어느 집단(또래 집단)의 구성원이 되기 위해서 뿐 아니라 다른 어느 집단의 구성원이 되지 않기 위해서 혹은 그 집단과의 차이를 강조하기 위해서도(예를 들면 부모로부터의 독립) 사용될 수 있기 때문이다. Katz는 이러한 기능이 자아심리학(프로이드 심리학이 확장된 것)에 있어 가장 중요함을 강조하고 있다, 이것은 또한 자아개념을 한 개인의 적응과 행복에 있어 중심적인 것으로 보는 Carl Rogers(1980)의 인간 중심 상담과 같은 인본주의 심리학에도 높이 적용될 수 있을 것으로 보인다.

## 지식 기능

이 기능에서의 핵심적인 생각은 태도가 우리들의 세계를 좀더 이해 가능하게 해준다는 것이다. 태도는 우리에게 일어나는 일들, 그리고 우리가 접하는 것들에 의미를 부여할 수 있도록 준거의 틀을 제공한다. 그것은 세상에 어떤 질서를 부여할 수 있도록 도와주고, 그것을 예측 가능하게 해주며, 우리가 효율적으로 기능하고 있다고 느끼도록 도와준다. 물론 우리가 구축하는 지식 구조가 반드시 완전히 정확한 것은 아니지만, 그것은 우리에게 계속해서 쏟아지는 엄청난 양의 정보를 처리하기 위한, 인지적으로 경제적인 방법을 제공한다. 고정관념은 우리로 하여금 우리의 세계에 의미를 부여할 수 있게 해주는 지식 구조의 한 예이다—고정관념은 편견적 태도의 인지적 요소이다. 그러나 고정관념은 잘못되고 완고한 일반화라고 흔히 정의된다 (물론 어떤 것이든 광범위하게 일반화될 경우, 적어도 부분적으로는 잘못된 것이기가 쉽다). 따라서 그것이 제공하는 지식에는 그 대가가 따름을 볼 수 있다. 한정된 숫자의 규칙과 특성들에 근거해 정보가 쉽게 처리될 수 있지만, 깊이가 얕은 처리의 대가로 그 정확도가 떨어질 수 있다는 것이다. 그런 차이가 있음을 알 수 있을 정도로 우리가 사물들을 충분한 깊이로 처리하는 경우는 거의 없는지도 모른다. 즉, 사람이나 상황들은 단지 몇 가지의 실제적 혹은 가정된 특성들에 근거하여 서로 유사한 것으로 성급히 분류된다. 우리들은 우리가 고정관념화하는 사람들의 특성들에 대하여 알고 있다고 생각하지만, 사실 우리는 단지 몇 가지 단서들밖에 모르며 나머지는 추정된 것들이다. Katz는 이러한 기능을 강조하는 심리학적 접근의 예로서 게슈탈트 심리학을 들었는데, 그 이유는 게슈탈트 심리학이 한 개인이 자신의 세계 안에서 의미와 구조를 찾아내고자 함을 강조했기 때문이다. 보다 현대적인 접근들에 있어서는, 심리학에 대한 여러 인지적 접근들, 특히 정보 처리적 접근들에서 이러한 기능이 예증되고 있음을 볼 수 있다.

## 최근의 접근들

기능적 접근들이 문헌에서는 자주 인용되었음에도 불구하고, 그에 대한 실험적 테스트는 별로 이루어지지 않았다(Shavitt, 1989). 그러나 최근의 몇몇 실험적 연구는 기능적 접근에 대한 흥미롭고 새로운 성찰을 제공해 주었다. Shavitt(1990)의 연구에서 태도의 세 가지 주요 기능이 밝혀졌는데, 실용주의적 기능, 사회적 정체감 제공의 기능, 그리고 자존감 유지의 기능이 그것이다. 그것은 Katz의 지식 기능과 도구의 기능을 실용주의적 기능이라는 하나의 기능으로 통합함으로써 결국 그의 분류를 세 가지 차원으로 줄이고 있다. 이러한 분류상의 차이보다 중요한 것으로, Shavitt는 또한 태도 변화 시도의 성공 여부는 그 표적 태도가 그 사람에게 어떤 기능을 해 주고 있는가에 달려 있다는 증거를 제시하고 있다. Shavitt의 연구에 의하면, 어떤 사람에게 그 태도가 해주고 있는 기능과 관련된 광고의 경우 그 사람을 설득할 가능성이 더 높다. 그러나 Petty와 Wegener(1998)는 그러한 효과는 그 사람이 자신에게 중요한 기능들에 관하여 말하고 있는 설득 메시지들을 보다 자세히 살펴보기 때문일 수 있다고 주장한다. 이러한 경우, 수긍시키는 설득 메시지는 태도 변화를 촉진시킬 수 있으나, 주장이 약할 경우에는 오히려 그것을 방해할 수 있다.

## 태도의 개념

사실 태도의 성질에 관하여는 많은 논란이 있음에도 이 장에서 지금까지 나는 태도에 대하여 그것이 마치 아주 정해진 실체인 것처럼 말하는 경향이 있었다. 그것은 태도의 성질과 구조에 대한 아주 광범위한 여러 가지 해석들에게는 공평치 못한 일이라는 점을 이쯤에서 밝힐 필요가 있겠다. 태도 연구에서는 주로 두 가지의 주요 접근들의 요지가 설명되어 있는데, 확률적 접근(probability approach)과 잠재적 처리 과정 접근(latent process approach)이 그것이다(DeFleur & Westie, 1963).

확률적 접근은 아마도 태도라는 개념에 대하여 가장 덜 개입되어 있는 관점일 것이다. 거기에서는 태도를 단지 행동의 어떤 유형들의 특성, 태도 대상에 대한 반응의 추정된 일관성으로 본다. 예를 들어 어떤 사람에 대한 일관된 긍정적 반응은 그 사람에 대한 긍정적인 대인 태도를 의미하는 것으로 받아들일 수 있다. 즉 당신이 그 사람을 좋아한다는 것이다! 여기서 우리는 그 이상의 더 깊은 기저의 처리 과정이나 혹은 인지적 구조를 추론할 필요가 없다. 태도란 어떤 반응에 있어 단순히 추론된 일관성에 불과하다. Bem(1967)의 자기 지각 이론은 태도에 관한 이러한 접근의 한 좋은 예이다. 그러나 대부분의 이론가들은 즉각적으로 관찰 가능한 행동보다는 좀더 나아가고자 하며 일종의 중개 과정(mediating process)을 추정한다.

이론적인 쪽에 좀더 관심을 가진 관점인 두 번째 그룹의 이론들은 잠재적 처리 과정 접근이라 불리운다. 잠재적 처리 과정 접근은 반응 일관성의 근거로서 어떤 기저에 깔린 처리 과정을 추정함으로써 확률적 관점을 확장한 것이다. 태도란 행동의 일관성이라기보다는 이러한 처리 과정을 말한다. 태도의 삼자 모형은 이러한 잠재적 처리 과정 접근의 좋은 예이다.

태도를 설명하기 위한 두 이론적 접근들의 주요한 예들이 다음 부분에서 논의된다.

## 기본적인 이론적 접근들

이 절에서 나는 태도에 관한 네 가지 기본 접근들에 초점을 맞출 것인데, 그것은 즉 고전적 혹은 삼자 모형, Bem의 자기 지각 이론, 주관적 유용성의 기대치(Subjective Expected Utility) 접근(이 접근의 한 특수한 예인

Ajzen과 Fishbein의 이성적 행동 이론(Theory of Reasoned Action)은 제6장에서 자세히 다루어진다), 그리고 태도라는 개념 자체의 필요성과 유용성에 대하여 의문을 품는 비판적 심리학의 관점이다.

## 태도의 삼자 모형

내가 위에서 대략 설명한 세 가지 정의들이 그 강조점에 있어 중요한 차이가 있다는 것을 당신은 알아 차렸을 것이다. 첫 번째 것은 인지를 태도라는 개념의 중심적인 것으로 강조하였고, 둘째 것은 태도의 감정, 정서적 요소를 강조하였다. 그리고 세 번째 것은 행동을 강조하였다. 많은 정의들이 태도란 사실 이 세 가지 요소들이 종합된 것이라는 생각에 기초해 이루어졌다. 이러한 접근은 태도의 고전적 혹은 삼자 모형이라 불리어졌다. 이 모형은 태도가 상호 연결된 이 세 가지 요소들(알파벳의 처음 세 자로 되어 있어 기억하기 쉽다)을 가지는 것으로 본다.

정서 (**A**ffect)
행동 (**B**ehaviour)
인지 (**C**ognition)

정서는 태도의 감정적 요소로서, 물론 간단히 긍정적 혹은 부정적인 것으로 볼 수 있다. 그러나 그것은 또한 흔히 그 중요도, 정서의 정도로 척도화된다. 인지는 대상의 어떤 면들과 그 심리적 중요도 간의 지각된 관계이다. 예를 들어 대학 교육에 대한 우리 태도의 인지적 요소는 고등 교육과 장래의 직업적 성공 간의 관계에 대한 우리들의 지각을 중심으로 한다. 행동적 요소는 단순히 우리의 태도에 따라 행위하는 것을 말한다. 우리가 초콜릿을 좋아한다면 우리는 아마도 그것을 사서 먹고자 하는 경향이 있을 것이다! 불행히도 우리는 항상 우리의 태도에 따라 행동하지는 않는다. 여러 요인들이 어떤 태도가 외현적으로 표현되는 것을 방해할 수 있다. 예를 들어 편견적 태도들이 어떤 상황에서는 표현되지 않을 수 있는데, 그것은 그 사람이 사회적인 반대나 비난을 두려워 하기 때문이다. 많은 현대의 이론가들은 행동적 요소를 어떤 외현적 행위로서보다는 어떠한 식으로 행동하고자 하는 성향이나 경향 혹은 의도로 보고자 한다.

지금쯤 아마 당신은 이 모델이 꽤 복잡해 보인다고 생각하고 있을 것이다—태도라는 것을 형성하기 위해 이 세 가지 요소들이 합해진다고 하니까. 그리고 이 세 가지가 항상 서로 일치하는지 아마 궁금해 하고 있을 것이다. 그것이 같은 심리적 실체의 세 가지 상호 연관된 면들이라면 그것들은 일치할 것이라고 분명히 기대할 것이다. 초기의 태도 연구들도 같은 생각을 하였으며, 태도의 삼자 모형에서의 이러한 요소들의 일관성을 알아보기 위해 많은 노력을 기울였다.

### 내적 일관성

태도의 인지적 요소와 정서적 요소 간의 관계를 조사한 연구들은 그것들이 밀접히 연관되어 있다는 것을 대개 지지하였다. 예를 들어 유명한 Rosenberg(1960)의 연구에서는 태도의 정서적 요소를 변화시키기 위해 최면술로 암시를 줄 경우, 그와 관련된 인지에 있어서도 상응하는 변화가 일어남을 발견하였다. 이 연구의 유별나고 감탄스러울 정도로 직접적인 접근 방법은 비판받았으나(예를 들어 최면에 잘 걸리는 피험자가 전체 일반 사람들을 잘 대표할 수 있는가?), 그 결과는 이 분야의 연구를 잘 대표하고 있다.

태도의 삼자 모형에서 좀더 어려운 것은 행동과 태도의 다른 요소들 간의 연관이다. 일부 연구자들은 태도와 행동 사이에 요구되는 높은 상관관계를 보고하였으나, 불행히도 다른 학자들은 아주 미약한 관계만 발견하거나 아니면 전혀 아무런 의미있는 관련도 발견하지 못하였다. Fishbein과 Ajzen(1975)은 일반적 수준에서는 태도와 행동 간에 어떤 체계적인 관계가 있다는 증거가 별로 없으며, 그것들이 어떤 특정한 수준에서 측정되고 있는지가 밝혀져야 한다고 결론지었다. 예를 살펴보면 이것이 무슨 뜻인지 분명해질 것이다. 인종적 편견을 가졌다고 비난받을 때 흔히 쓰는 방어가 '나랑 절친한 친구 중에 흑인도 있다'는 것이다. 이것은 각기 다른 특정성(specificity)의 수준에서 측정된 것의 예이다. 여기에서의 비난은 한 집단에 대한 태도에 관한 것이다. 반면 그에 대한 반응은 한 개인에 관한 태도에 대하여 말하고 있다. 어느 집단의 한 구성원에 대한 행동과 그 전체 집단에 대한 태도 간에 큰 연관이 없다는 것에 과연 우리는 정말로 놀랄 수 있을까? 그것들 간에 상관이 있다면 오히려 더 놀랄 것이다. 심지어 우리가 같은 특정성의 수준에서 태도와 행동을 측정한 경우라도, 그 태도가 행동으로 표현되는 것을 방해하는 여러 요인들이 개재될 수 있다. 장애(예를 들어 원하는 물건을 살 돈이 없음)가 있을 수 있으며, 혹은 시간이 지체되는 동안에 그 우선 순위와 심지어 태도까지 바뀔 수 있고, 다른 여러 가지 서로 경쟁하는 태도들이 일어날 수도 있다. Hanson(1980)은 태도와 행동 간의 관계를 살펴본 46개의 연구들을 검토한 결과, 26개 실험실 연구들 중 18개가 태도와 행동 간에 정적 관계를 실제로 발견하였음을 알게 되었다. 반대로, 20개의 현장 연구들 중 16개가 그러한 관계를 발견하지 못하였다. 실험실에서보다 실제 세계에서는 태도와 그 행동적 표현 간에 그보다 훨씬 많은 요인들이 개입되는 것으로 보인다.

태도의 삼자 모형 내에서의 이러한 일관성의 문제를 해결하고자 하는 몇몇 연구가 있었다. 어떤 이론가들은 다른 것들은 배제하고 특정의 요소들에만 초점을 맞추었고, 다른 이론가들은 태도의 개념을 부인하고 그 유용성을 의심하게 되었다. 이 장의 나머지 부분에서는 태도에 대한 몇 가지 대안적 접근들을 살펴보겠다.

## 자기 지각 이론

아마도 삼자 모형에 대한 가장 극단적인 대안적 관점 중의 하나는 태도를 행동을 이끌어 주는 어떤 내적 구조로 보지 않고 그 반대의 방향으로 생각하여, 사람들이 자신들의 행동을 관찰하고 거기에서 추론해낸 것이 태도라고 보는 입장일 것이다. 이러한 관점은 가장 흔히 Daryl Bem(1967)에게서 나온 것으로 추정되는데, 그는 비타협적인 행동주의자로 가장 흔히 묘사된다. 즉, 우리는 기울을 제거하지 않은 밀가루로 만든 빵을 규칙적으로 먹고 있는 우리 자신을 보기 때문에 우리가 그 빵을 좋아한다고 추론한다. 그리고 나서는 우리 자신의 행동에 대한 자기 기술이 어떻게 행동할 것인가에 대한 내면화된 자기 지시가 될 수 있다. 이러한 생각이 물론 새로운 것은 아니다. 그것은 기본적으로 James-Lange의 감정 이론의 한 변형이다. 당신이 들판에 서 있는데 황소 한 마리가 당신을 향해 돌격해 온다고 상상해 보자. 당신은 어떻게 할 것인가? 아마도 도망칠 것이며 두려움을 느낄 것이다! James-Lange의 이론에 의하면 그런 순서로 일이 일어날 것이다—즉, 당신이 도망치고 그 다음에 그에 상응하는 공포를 느낀다. 이것은 많은 사람들이 흔히 가정하는 것—즉, 먼저 공포를 느끼고 그 때문에 도망갈 것이라는—과 반대된다. 태도에 관한 Bem의 관점과의 유사성을 알아 차렸는가? 이것이 좀 특이한 접근처럼 들리긴 하지만, 감정이라는 것이 어느 정도든 부분적으로는—적어도 애매한 조건하에서는—우리의 생리학적 흥분의 결정 요소들을 우리가 어떻게 지각하는가에 따라 결정된다는 것을 지지해 주는 몇몇 증거들이 있다. 또한 우리의 태도가 우리의 자기 관찰에 의해 영향받는다는 증거들도 있다. 예를 들어 거미 공포증이 있는 사람이 거미에게 노출되어 있는 동안에 틀린 심장 박동 피드백을 받을 경우—즉, 실제보다 심장 박동수가 낮다고 믿도록—그렇지 않을 경우보다 낮은 수준의 공포를 보고한다는 것을 우리는 발견한다. 이러한 종류의 현상은 치료 요법으로 활용될 수 있음이 분명해 보인다.

태도에 대한 보다 인지적인 관점은 태도를 지각의 초기 단계에서 좀 더 영향력을 갖는 것, 즉 정보의 처리 방식을 정해 주는 형판들(templates)로 본다. 태도는 단순히 자극에 의해 일어나는 것이 아니라, 자극을 해석하는 데에 중요한 것이다. 태도란 우리가 그것을 통해 세상에 대한 우리의 이해를 구축하는 하나의 형판이다. 예를 들어 인종적 편견이 있는 사람은 그가 편견을 갖고 있는 집단의 구성원에게 그저 단순히 반응하는 것이 아니다. 그는 인종에 관한 단서들을 주의 깊게 살핀다. 같은 행동이라 하더라도 그 인종 집단의 구성원이 한 것과 다른 사람들이 한 것을 다르게 해석한다.

최근의 심리학자들은 이 두 극단적 입장들—태도의 순전히 인지적인 모형과 극단적인 행동적 모형—모두를 믿지 않는다. 가장 인기있는 태도의 개념은 정서와 인지가 합해진 것이다. 초기의 행동주의적 접근에서 나온 주관적 유용성의 기대치(Subjective Expected Utility, SEU) 모형들은 태도의 전통적인 삼자 모형, 그리고 보다 최근의 인지, 정보 처리 이론들에 대한 영향력 있는 라이벌임이 입증되었다. 이제는 태도의 SEU 모형들에 관하여 이야기하겠다.

## 태도의 주관적 유용성의 기대치 모형들

행동주의적 아이디어들에 기반하여 세워진 SEU 모형들은 사람들이 예상되는 정적 결과는 최대화하고 부적 결과들은 최소화하고자 이성적으로 노력한다고 보았다. 물론 여기에서 당신이 어떤 것을 정적 결과 혹은 부적 결과로 생각하는지는 달라질 수 있다(음식이 배고픈 사람에게는 정적 결과이지만, 식중독으로 고생하고 있는 사람에게는 부적 결과일 수 있다!). 따라서 주관적 유용성이 강조된다.

SEU라는 주제에 대한 여러 가지 변형이 있는데, 아마도 가장 잘 알려진 것이 Fishbein과 Ajzen(1975)의 **이성적 행동 이론**(Theory of Reasoned Action)일 것이다. 이 이론은 다루기가 쉽지 않은 행동적 요소를 태도로부터 분리시켜(이제 태도는 그 나머지인 인지, 정서적 요소들로만 구성됨) 태도가 어떻게 행동 의도에 영향을 주며, 따라서 실제 행동과 연관되는지를 검토한다. 이 관점에 의하면, 어떤 사람이 다른 사람, 물건, 혹은 행동에 대하여 가지는 태도는 결국 표적에 대하여 그 사람이 평가적으로 그 비중을 잰 신념들의 총합이다. 예를 들어 어떤 사람의 고등 교육에 대한 태도는 여러 가지 신념들에 기반할 수 있다. 한 가지 주요 신념은 좋은 교육이란 나중에 좋은 직업을 가져 좋은 수입을 얻는 것과 연관이 있다는 것일 수 있다. '평가적으로 비중을 재는 것'(evaluative weighting)이란 단순히 그 신념이 그 사람에게 얼마나 중요한가를 말한다. 한 태도 내의 모든 중요한 신념들 각각에 대하여 그것이 그 사람에게 얼마나 중요한가에 따라 그 비중이 매겨지며, 전반적 태도는 여러 가지 신념들과 그것들이 그 사람에게 가지는 상대적 중요성을 반영하게 된다. 이러한 접근에서 나온 가장 인기있는 이론인 Fishbein과 Ajzen의 이성적 행동 이론은 태도 변화와 설득에 관한 주요 접근들이 검토될 제6장에서 자세히 논의되고 있다.

## 비판적 관점들

이 장의 첫 부분에서 내가 태도에 대한 Thomas와 Znaniecki의 접근에 관하여 언급한 것은, 한 학문으로서의 사회심리학에서 이 영역이 얼마나 중요한가를 보여주기 위한 것이었다. 태도의 사회적 성질에 관한 그들의 생각들에 관하여는 내가 논하지 않았다. 그들의 관점에 의하면, 태도는 사람들을 집단에 융합시켜 주는 '접착제'이며, 그들에게 사회적 정체성과 지위를 제공한다. 이러한 전통은 주로 사회학적 사회심리학에서 지속되어 왔는데, 반면 미국의 영향이 지배적인 주류 사회심리학은 보다 광범위한 사회나 그 개인이 속한 공동체보다는 그 개인의 역할을 점점 더 강조하게 되었다. 물론, 이 두 가지 관점들이 서로 배타적인 것은 아니다. 사실, 태도 (그리고 다른 사회심리학적 현상들)를 완전히 이해하기 위해서는 개인, 그리고 그보다 넓은 사회적 수준 두 가지 모두에서의 복잡성을 살펴볼 필요가 있다고 주장할 수 있다. 무엇이 사람들을 서로 다르고 독특하게 만들어 주는지 뿐 아니라, 또한 어떻게 그들이 서로 비슷한지를 이해할 필요가 있다. 이 장의 앞에 나온 절들에서 태도 연구에 대한 지배적인 개인주의적인 접근을 어느 정도 자세히 기술하였다. 이제는 그러한 접근에 대한 비판들이나 그 대안들에 관해 생각해 볼 필요가 있는데, 그것들은 주로 유럽 사회심리학자들에 의해 제기되었다.

태도란 아주 많은 부분이 사회적으로 획득된 것이라는 것을 부인할 사회심리학자는 없을 것이다. 태도란 경험들로부터 직접적으로, 아니면 우리의 관찰이나 다른 사람들과의 상호작용으로부터 구축된다. 만일 우리의 신념들이 사회적으로 구축된 것이라면 그것은 또한 우리 공동체 내의 다른 사람들에게도 상당히 공유될 것이다. 우리의 사고 방식, 우리의 사회적 입장들은 우리가 속한 보다 넓은 사회 집단의 그것들을 반영하는 것이다. 이러한 생각을 뒷받침해 주는 증거들을 다음의 두 가지에서 찾을 수 있는데, 하나는 아동들의 자기 공동체에 대한 사회적 대표성이 연령의 증가에 따라 보다 뚜렷해짐을 보여주는 연구들(Augoustinos, 1991)이며, 다른 하나는 사회적 개입의 수준은 그 사람의 사회적 이해가 얼마나 세부적으로 이루어졌으며 그것이 어떻게 조직되어 있는가에 따라 달라진다는 것을 보여주는 연구들(Pryor & Merluzzi, 1985)이다.

사회적 행동과 인지에서의 언어의 역할을 강조하는 진술 분석가들은 전통적인 태도의 개념, 그리고 특히 전형적인 태도 평가의 방법에 대하여 신랄히 비판하였다. Potter와 Wetherell(1987)은 세 가지 주요 반론을 제기하였다. 첫째, 태도의 대상들이 흔히 모호하고 아주 비중립적으로 정의된다고 그들은 주장하였다. 예를 들어 우리가 '유색 인종 이민자들' 에 대한 태도를 평가한다고 할 때, 이것은 사실 '유색' 이라는 말의 모호함, 그리고 응답자에게 '이민자 신분' 이 '비이민자 신분' 으로부터 인지적으로 변별되고 있는지 여부를 무시해 버리고 있다. 둘째, 우리가 태도 자료를 얻어내고자 묻는 질문, 그리고 그렇게 수집된 자료들을 우리가 처리하는 방법, 이 두 가지 모두를 볼 때 그러한 연구의 결과물은 아마도 응답자를 반영하는 만큼이나 그 연구자를 반영하는 것이기도 하다. 태도 척도들이나 질문지들이 정말로 태도의 풍부함과 복잡성을 제대로 반영하는가? 마지막으로, 태도 연구에서는 중요한 가정을 하는데, 그것은 측정될 수 있는 기저의, 그리고 상당히 영속적인 실체, 즉 태도라는 것이 있다는 것이다. 태도를 어느 특정의 사회적 맥락에 반응하여 언어적으로 구축된 것이 아닌, 어떤 중립적이고 객관적인 것으로 본다. 그러나 때와 상황에 따라 우리는 때로 아주 다른 태도를 보일 수도 있다. 전통적인 태도의 개념화와 그 측정 방법이 본래 가지고 있는 문제들 때문에 진술 분석가들은 기저에 있는 어떤 인지적 실체를 알아내려 하기보다는, 그와는 근본적으로 다른 접근 방법을 사용하며, '텍스트가 어떻게 여러 가지 다른 방법들로 조직되어 있는지, 그리고 특정의 조직 방법을 사용했을 경우 그 결과가 다른 방법을 사용했을 때와 어떻게 다른지에 관심을 가지고 있다'(Potter & Wetherell, 1987). 기저에 있는 태도 실체를 가정하지 않기 때문에, 진술 자체가 목적하고 있는 일관성의 정도로만 기대될 뿐, 사람들이 하는 태도 진술에 반드시 일관성이 있을 것으로 기대하지 않는다.

## 요약

이 장에서는 태도의 기본 개념이 소개되었다. 태도를 정의하는 데에는 문제가 있는데, 그것은 어떠한 정의든, 정의되는 대상의 근원적인 성질을 반영해야 하는데 태도의 성질에 관하여는 큰 이론적 이견이 있기 때문이다. 정서와 인지를 강조하는 정의들이 논의되었고, 정서와 인지, 그리고 행동이 합해진 설득력 있는 삼자 모형도 설명되었다. 그리고 태도에 대한 여러 가지 대안적인 이론적 접근들도 설명되었다. 즉, 기능적 접근, Bem의 자기 지각 이론 그리고 주관적 유용성의 기대치(Subjective Expected Utility)가 그것이다. 마지막으로 논의된 이론들은 태도라는 개념 전체에 대하여 비판적이었으며 보다 광범위한 사회적 관점을 옹호한다. 한 개인 내의 인지적 구조를 찾기보다 그들은 태도를 그 사람의 사회적 맥락에서 나오며 언어로 조직화된 것으로 본다.

## 더 읽을거리

Augoustinos, M. and Walker, I. (1995) *The psychology of attitudes*. London: Sage. 태도 심리학에 대한 좋은 서론 장을 포함하고 있으며, 뛰어난 다른 두 장에서는 전통적인 사회 인지적 접근들에 대한 포스트모던적 도전들을 아주 잘 상술해 주고 있다.

Eagly, A. and Chaiken, S. (1993) *The psychology of attitudes*. Fort Worth, TX: Harcourt Brace Jovanovich. 최근의 태도 연구에 대한 자세한 개관이다.

Potter, J. and Wetherell, M. (1987) *The psychology of attitudes: beyond attitudes and bahaviour*. London: Sage. 태도 심리학에 대한 대안적 관점을 소개해 주는 간단하면서도 아주 유용한 부분을 포함하고 있다.

2장

# 태도의 근원



Chapter 2

## 서론

우리가 앞 장에서 보았듯이 태도란 복잡한 것이다. 그토록 복잡한 현상이니 만큼 태도가 여러 가지 많은 방법으로 획득될 수 있다는 것은 그리 놀라운 일이 아니다. 아마도 이러한 점 때문에, 그리고 우리가 태도와 관련된 정보를 제공해 주는 상황들에 끊임없이 노출되기 때문에, 사람들이 흔히 때와 상황에 따라 여러 다른 색깔을 띠는 모순되고 다면적인 태도를 보인다는 것도 그리 놀라운 것은 아니다. 태도가 여러 가지 방법으로 습득될 수 있다는 사실은—이 방법들은 인지적 요소나 정서적 요소를 강조하는데—또한 무엇이 가장 효율적인 설득의 방법이 될 것인가에 대하여 중요한 암시를 해준다. 설득은 일반적으로 어떤 태도가 그 사람에게 가지는 인지, 정서적 중요성과 부합될 때 좀더 효과적이다(Fabrigar & Petty, 1999).

이 장에서는 우리가 태도를 형성 혹은 습득하는 일곱 가지 중요한 방법들을 서술할 것이다. 논의를 명확히 하기 위해 이것들을 따로 분리하여 제시하지만, 그것들이 각기 고립되어 작용하는 것은 아니며, 흔히 서로를 보완해 준다. 예를 들어 도구적 조건화는 기존의 태도나 행동을 강화 혹은 약화시켜 줄 수 있지만, 그러기 위해서는 그 전에 이미 형성된 태도나 행동이 있어야만 한다. 반대로, 고전적 조건화나 관찰 학습은 그 전에 아직 형성된 것이 없는 상태에서 태도를 습득할 때 유용한 방법이다. 이 과정들은 태도를 처음에 형성하고 그리고 그것을 촉진하기 위해 함께 잘 작용할 수 있다.

이러한 이론들이 또한 태도 변화에 대한 주요 설명들이긴 하지만, 특별히 설득적 의사 전달을 설명하기 위하여 많은 주요 접근 방법들이 개발되었다. 이러한 접근들에 관하여 보다 자세한 정보를 얻고자 하는 관심있는 독자들은 제6장을 참조하기 바란다.

## 정보의 영향

태도의 성질을 논하면서 내가 삼자 모형을 검토하였는데, 그것이 정서, 행동, 그리고 인지의 세 가지 요소로 구성되었음을 여러분은 기억할 것이다. 인지는 지식 요소이다. 그러나 이 모형만 지식의 중요성을 강조한 것은 아니다. Katz(1960)는 태도의 지식으로서의 기능을 논하였고, Fishbein과 Ajzen(1975)은 평가적으로 비중이 매겨진 신념들로서의 태도의 모형을 기술하였다. 이러한 모든 접근들이 우리에게 말해 주는 것은, 우리가 어떤 사람의 신념들에 영향을 줄 수 있다면 우리는 또한 그들의 태도에 영향을 받을 수 있다는 것이다. 우리가 정보를 수집하는 한 가지 방법은 우리의 직접 경험(다음 장에서 논의됨)을 통한 것이며, 또 다른 방법은 대중 매체를 포함한 여러 형태의 의사 전달을 통해서이다. 이 절에서 나는 태도 정보가 전달되는 두 가지 방법, 즉 사람 대 사람 간의 의사 전달을 통한 것, 그리고 대중 매체를 통한 것을 살펴보겠다.

## 개인적 의사 전달

모든 행동은 의사 전달적 가치를 지닌다. 당신이 가만히 앉아 전혀 아무 근육도 움직이지 않을 때조차도 당신은 의사 전달을 하고 있는 것이다—그것이 그냥 조용히 내버려 둬 달라고 할지라도! 사람들에게 하루 종일 의사 전달이 쏟아지느니 만큼, 그것이 태도에 영향을 주지 않는다고 가정한다는 것은 순진한 생각이다. 개인적 의사 전달은 몇 가지 점에서 태도의 특히 강력한 원천이 될 수 있다. 첫째, 그것을 피하기가 어렵다! 당신이 TV에 나오는 관점에 동의하지 않거나 혹은 흥미가 없을 때에는 스위치를 꺼버릴 수 있다. 그러나 다른 사람—특히 그것이 친구나 가족같이 당신에게 중요한 사람들일 경우—일 경우에는 그렇게 하기가 더 어렵다. 둘째, 우리는 태도 정보의 정보원(sources)으로서 다른 사람들을 일부러 열심히 찾고 그들을 이용한다. 당신에게 정치에 대해 특히 잘 알고 정치적 사건들을 면밀히 지켜보고 있는 친구가 하나 있다고 하자. 온갖 정치적 선전과 또 그에 대한 역선전을 직접 읽기보다는 그 친구와 이야기를 나눈 다음에 어떤 정치적 사건에 대한 당신의 의견을 형성하는 것이 더 쉬울 것이다. 이것이 의사 전달의 이 단계 유동 이론(the two-step flow theory of communication, Katz & Lazarsfeld, 1955)이다. 이것은 대중 매체와 적극 관련된 여론 주도자들이 있고, 대다수의 우리들은 정보를 잘 알고 있는 그들을 통해 정보를 이차적으로 얻는다는 것을 시사한다. 이러한 여론 주도자들은 사회적인 네트워크를 통해 그것을 전파하며, 주제에 따라 여론 주도자가 달라진다. 같은 집단이라도 정치와 풋볼에 관하여 각기 다른 여론 주도자를 가질 것이다. 비록 이 이론이 비판을 받긴 하지만, 이 연구와 다른 경험적 연구들은 이차적 정보가 태도 형성에 중요한 기초가 될 수 있음을 강조해 주고 있다(예, Maio et al., 1994). 또한 이것은 태도란 사회적인 것이며 협상된 사회적 현상임을 상기시켜 준다.

### 대중 매체

매체들로부터의 정보는 태도 형성과 변화의 주요 요인이며 또한 행동에 영향을 주는 것으로서 일반인들에게는 이미 오래 전부터 알려져 왔다. 그러나 학자들 간에는 그것이 그렇게 간단해 보이지 않는다. 예를 들어 공격성에 대한 태도에 대중 매체가 주는 영향과 실제의 공격적 행동은 큰 논란거리가 되어 왔으며 그에 대한 수백 개의 연구가 이루어졌다(Erwin & Hough, 1997). 논란은 점점 양극화되어, 어떤 학자들은 대중 매체가 공격적 행동에 영향을 준다고 주장하고, 반대로 다른 학자들은 그것이 영향을 주지 않는다고 주장한다. 사실, 대중 매체가 어떤 사람들에게는 상당한 영향을 주고, 또 다른 어떤 사람들에게는 거의 아무런 영향을 주지 못하며, 나머지 대부분의 사람들에게는 이 두 극단의 중간에 속하는 정도의 영향을 줄 가능성이 높을 것 같다. 심리학의 역할은 바로 이러한 영향력에서의 차이가 일어나게 하는 요인들이 무엇인지를 밝히는 것이지, 거의 무의미하고 어느 쪽으로도 증명할 수 없을 정도의 단순한 수준으로 논의를 끌어 내리는 일이 아니다.

제5장에서 나는 태도 변화와 설득의 동인들로서 그 효율성에 영향을 주는 메시지의 몇 가지 특성들을 자세히 검토할 것이다. 여기에서는 대중 매체를 통해 우리에게 주어지는 의사 전달의 유형들과 메시지의 내용에만 주목하는 것이 유용하겠다. 매체는 여러 영역에서 우리들의 태도를 강화하고, 그것을 형성해 가며, 또한 거기에 도전하는데, 그것은 남녀의 사회적

역할에서부터 인종적 고정관념, 그리고 교육이나 범죄, 보건 서비스 같은 사회적 문제들에까지 이를 수 있다. 어떤 경우에는 이러한 영향들이 우리에게 분명히 드러나지만, 보다 많은 경우 그것들은 미묘하고 잘 드러나지 않아서 대부분 모르는 채 지나친다.

상당히 많은 관심을 받은 영역은 대중 매체에 성 역할이 어떻게 제시되고 있는가—남녀가 어떻게 그려지고 있는가—하는 것으로서, 텔레비전이 가장 많은 연구의 대상이 되고 있다. 텔레비전 광고는 전통적인 성 역할 고정관념을 주로 강화하고 거기에 거의 도전하지 않는다(Manstead & McCulloch, 1981). 전통적으로 여자들이 광고에 나올 경우, 주부(아마도 가정용품과 관련하여), 탁아소의 보모, 회사에서의 비서나 개인 조수이거나 아니면 간호사 같이 전형적으로 여성의 것으로 고정관념화된 직업을 가지고 있는 것으로 그려진다. 흔히 그들의 외모나 신체적 매력은 아주 중요한 것으로 간주되고 강조된다. 연구에 의하면, 광고에 나오는 매력적인 여성을 봄으로써 여성들의 신체적 불만이 증가된다(Lavine et al., 1999). 신체 이미지의 왜곡과 그에 대한 잘못된 평가는 거식증(anorexia)의 중요한 원인이 되며, 이러한 편향된 지각을 초래하는 것들은 모두 관심있게 다루어져야 하는데, 그 이유는 그것이 일부 약한 사람들에게 영향을 줄 수 있기 때문이다. 반면, 광고에 나오는 남자들은 권위있는 사람, 전문가, 회사의 상사이거나 아니면 의사 같은 주요 전문직 종사자인 경우가 많다. 물론 지난 20여년간 광고에서의 성 역할 고정관념화가 좀 감소되었지만(어떤 광고에서는 심지어 그 역할이 반대로 바뀌기까지 한다), 텔레비전 광고에서의 성 역할 고정관념은 아직도 전 세계적으로 보편적인 현상이다(Furnham & Mak, 1999).

광고는 그 메시지를 빨리 전달하기 위하여 확실히 기존의 고정관념 위에 만들어지지만, 거의 속기와 같은 형태로(Hadjimarcou & Hu, 1999), 그것만이 성별 이미지를 투사하는 것은 아니다. 여러 유형의 텔레비전 프로그램이 그와 유사한 메시지를 전달하는 것으로 보인다. 매체는 단순히 우리에게 어떤 특정의 메시지 내용을 제공함으로써 우리의 태도에 영향을 주는 것이 아니다. 그것은 또한 의제 설정(agenda setting)이라고 알려진 현상을 통해 영향을 준다. 여기에서 주제들이 두드러지게 되며, 따라서 우리는 이렇게 제기된 문제들에 관하여 논의하고 생각하게 된다. 그것만으로도 그 영역의 문제들에 대한 우리들의 태도를 형성 혹은 변화시키기에 충분할 수 있다. 특히 뉴스 프로그램들에서 그러한데, 뉴스는 어느 특정의 사건들이나 문제들을 우리들의 주의(attention)의 중심에 가져다 놓는다. 우리가 여우 사냥 같은 것을 금지하려는 움직임과 그에 반대하는 시위에 관한 보도를 들을 때, 우리는 어느 한쪽에 설득될 수도 혹은 안 될 수도 있지만, 적어도 그 문제에 대하여 생각해 볼 가능성이 높다. 영국의 텔레비전 뉴스는 객관성을 추구한다고 주장하지만(이것이 과연 어느 정도나 정말 가능한 것인지는 알 수 없을지라도), 이것은 확실히 어느 나라에서도 사실이 아니며, 영국 신문들의 경우에도 그렇지 못하다. 이러한 점 때문에 대중 매체의 여러 가지 면들이 가질 수 있는 영향들과 그것이 전하는 메시지들에 우리 모두 관심을 가져야 한다.

## 직접 경험

아마도 가장 분명한 태도의 근원은 우리의 직접 경험에 있을 것이다. 우리들 중 얼마나 많은 사람들이 학교 식당에서 나오는 거친 밀가루로 만든 푸딩 디저트를 먹고 그 즉시 그것에 대하여 부정적인 태도를 형성하게 되고 평생 그 디저트를 싫어하게 되는가! 이와 유사하지만 보다 심각한 것에서 많은 부정적 태도들이 직접적인 외상적 경험의 결과로 일어난다. 개를 싫어하는 것이 이전에 개에게 물렸던 경험의 결과일 수 있다. 또한 긍정적 경험들은 긍정적 태도를 형성하는 데에 마찬가지의 역할을 할 수 있다. 어른을 따라 풋볼 경기를 관전하러 가서 그것이 재미있다는 것을 알게 된 아이는 그 스포츠에 대하여 긍정적인 태도를 형성할 것이며 머지않아 자신도 그 스포츠의 팬이 될 것이다. 태도 습득의 기반으로서의 직접 경험의 중요성을 부정하는 것은 아니지만, 이것은 사실 하나의 완전한 이론적 설명은 아니며, 거기에는 몇 가지 과정들이 관련될 수 있다. 물론 이러한 직접 경험들은, 사회 학습이나 이 장의 다른 절들에서 설명된 바 있는 여러 행동적 그리고 인지적 과정들을 통하여 우리가 태도를 습득하는 데 있어 그 맥락을 제공한다. 그러나 또한 고려되어야 할 다른 몇 가지 특이한 과정들이 있다. 이 절에서 나는 우리가 익숙한 대상들에 대해서는 보다 긍정적인 느낌을 가지며, 낯선 것에 대해서는 보다 경계하는 경향이 있다는 사실—단순노출 효과—그리고 직접 경험이 정보를 수집할 기회를 제공함으로써 어떻게 태도의 형성을 촉진시키는지에 대하여 논하겠다.

## 단순 노출

태도의 가장 단순한 소스 중 하나는 태도 대상에 대한 단순 노출을 통한 것이다(Zajonc, 1968). 단순 노출의 효과는 여러 영역에서 잘 보고되어 있다. 예를 들어 우리는 우리가 정기적으로 보는 사람들을, 그들과 상호 교류를 하지 않더라도, 좋아하는 경향이 있다(Moreland & Beach, 1992). 사실, 단순 노출 효과는 그 대상이 크게 눈에 띄지 않는 자극인 경우에 가장 잘 나타나는데, 자세히 주의를 기울일 경우에는 부가적인 추론을 하게 되며 여러 가지 부가적인 인지 과정들이 일어나게 되기 때문이다. 단순 노출 효과가 여러 번 반복되는 수많은 광고들의 효과에 있어 중요한 요소들이라는 것은 두 말할 나위가 없는데, 대부분의 광고들에 우리가 별로 주의를 기울이지 않는 경향이 있기 때문에 그 효과가 크다.

단순 노출이 눈에 띄지 않는 자극에 보다 효과적인 것으로 보이지만, 일상의 익숙한 대상들에도 영향력을 가진다. 이것을 보여주는 독창적인 실험에서, Mita와 그의 동료들(1977)은 여성들의 사진을 찍어 보통의 방식으로 인화하거나(따라서 다른 사람들이 보는 것과 같은 피험자의 이미지를 제시하고), 혹은 미러 이미지로(피험자가 거울 속에서 보는 자신의 이미지로) 인화하였다. 이 사진들을 그 여성들과 그들의 친구들에게 보여주었다. 다수(68%)의 참여자가 자신의 미러 이미지를 선호한 반면, 그들의 친구들은 정상 사진을 더 선호하였다. 이러한 선호는 그들이 각기 다른 이미지들에 노출되었음을 반영한다. 우리는 주로 자신을 거울에 반영된 모습으로만 보는 반면, 우리의 친구들은 우리를 직접 지각을 통하여 보는 것이다.

친숙한 것을 좋아하는 효과를 지지해 주는 증거가 있지만, 그렇다고 그것이 항상 긍정적 태도의 결과를 가져 오는 것은 아니다. 이러한 효과를 우리의 사교 생활 개선을 위해 서둘러 응용하기 전에, 우리는 이러한 효과를 얻는 데 필요한 두어 가지 조건들을 알 필요가 있다. 첫째, 우리가 어떤 대상이나 사람에 대하여 애초에 부정적인 태도를 가지고 있는 경우에는 계속적인 노출이 그 부정성을 증가시킬 수 있다(Warr, 1965). 대부분의 살인은 그 희생자를 알고 있는 사람에 의해 저질러진다! 단순 노출의 효과를 제한하는 둘째 요인은 지루함인 것 같다(Bornstein, 1989). 너무 많이 노출될 수 있다는 것이다. 계속적인 재노출은 결국 호감을 감소시킬 것이다. 많은 광고자들이 한 주제에 대하여 여러 가지 변형된 광고를 제작함으로써 이러한 역효과를 방지하여, 지루함은 피하면서도 친숙함의 이점을 얻고자 한다. 또한 지루함의 효과는 태도 대상의 복잡성에 의해 영향받는 것으로 보인다. 우리는 복잡한 것보다는 상대적으로 단순한 것들에 더 빨리 싫증을 낸다(Sluckin과 그의 동료들, 1980). 우리의 개인적인 관계들에 있어서 다행인 것은, 사람이란 지극히 복잡한 태도 대상이며 또한 우리들의 노출 수준을 우리가 어느 정도 조절할 수 있다는 점이다.

## 실제 접촉

태도 대상에 대한 실제 접촉과 직접 경험은 우리가 정보를 모으고 우리의 신념들을 테스트하는 주요하고 강력한 방법이다. 그러나 불행히도, 우리의 태도에 대한 직접적 경험과 그 테스트가 항상 가능하거나 혹은 실용적인 것은 아니다.

태도 형성에 있어서의 직접 경험과 상황적 요인들의 중요성은 연구 문헌들에 잘 보고되어 있다. 그 한 예가 Sherif와 그의 동료들(1961)의 유명한 Robbers Cave 연구(Robbers Cave는 미국 오클라호마 주에 있는 주립 공원의 이름)이다. 상당히 복잡한 이 실험에서, 공휴일 캠프에 참가하고 있는 아이들을 두 집단으로 나누었다('방울뱀 팀'과 '독수리 팀'). 각 집단의 멤버들이 서로 익숙해지도록 얼마간의 시간을 함께 보낸 다음, 점수와 상이 걸려 있는 여러 가지 경쟁적 게임들을 치르기 위해 서로 만나게 되었다. 두 집단은 상당히 급속하게 서로에 대하여 아주 호전적이고 적대적으로 되었다. 그리고 그 후에는 그것을 다시 되돌리기가 어려웠다. 이러한 적대성을 되돌리고 그룹 간의 긍정적 태도를 촉진하는 주요 방법은 상위의(superordinate) 목적을 사용하는 것이었다. 상위의 목적이란, 그것이 성취되기 위해서는 두 집단의 협력이 요해지는 목적들을 말한다. 여기에서의 교훈은 분명한데, 즉 직접 경험이란 단순히 정보를 객관적으로 수집하는 것이 아니며, 그 경험의 맥락이 고려되어야 한다는 것이다.

Sherif와 그 동료들의 실험에도 불구하고, 인종 간의 화합과 인종 차별 폐지를 촉진하고자 행한 많은 초기의 노력들은 대부분의 편견들이 무지에서 오는 것이며, 사람들이 다른 인종의 사람들을 알기만 하면 편견이 감소될 것이라는 생각에 기초한 것이었다. 불행히도 좋은 의도에서 나온 많은 초기의 노력들이 이러한 지나친 단순함 때문에 실패하였다. 그들은 사람들이 접촉을 하도록 직장이나 사회적 환경을 단지 조성해 주기만 함으로써 다음과 같은 사실을 간과하였는데, 그것은 사람들이나 집단들은 그저 공간만 차지하고 있는 것이 아니라 서로 교류하고 관계를 형성하는 것이며, 그러한 교류와 관계의 성질에 따라 다른 집단과의 접촉이 긍정적 혹은 부정적으로 평가된다는 것이다. 두 적대적인 집단 간의 강요된 접촉은 그들이 부족한 자원을 두고 서로 경쟁하고 있다고 지각할 경우, 집단 간의 긍정적인 관계를 촉진하기 어려우며 적대감과 부정적인 고정관념화를 매우 증가시킬 수 있다. 그렇다. 접촉이 정보의 수집을 가능케 해주지만, 사람들은 자신들이 다른 집단에 대하여 이미 가지고 있는 생각을 강화시켜 주는 정보를 선택하고, 다른 집단 사람의 행동을 자신의 기존 생각을 확인시켜 주기 위해 선택적으로 해석한다. 다시 말해, 어떤 경우에는 계속적 노출이 단지 우리로 하여금 우리의 애초의 입장을 옹호하기 위해 그것을 확인시켜 주는 증거를 수집하도록 해주는 것이다. 반대로, Sherif의 연구에서 보았듯이, 상호 의존, 협동, 공동의 목표라는 조건하에서 접촉을 권장할 경우에는 긍정적인 대인 지각이나 태도가 일어나게 될 가능성이 훨씬 더 크다. 그리고 그 집단이 얼마나 동질적이며 한 개인이 얼마나 그 집단의 전형적인 사람으로 보이는가의 정도에 따라 긍정적 태도가 집단의 한 개인 구성원으로부터 집단 전체로 일반화된다(Brown et al., 1999).

## 고전적 조건화

이러한 형태의 조건화는 우리가 중립적인 대상을 어떠한 맥락에서 경험하는가에 따라 우리가 그 대상에 대하여 갖게 되는 태도가 결정된다는 것을 강조한다. 고전적 조건화는 어떤 중립적 자극과 우리에게 일종의 감정적 혹은 정서적 가치를 가지는 어떤 다른 자극에 의해 일어나게 되는 반응과의 연합을 강조한다. 그 가장 유명한 예가 심리학 전공이 아닌 사람들에게까지 널리 알려져 있는 파블로프의 개다. 개들의 소화에 관한 그의 실험에서 파블로프가 개에게 고기 가루(무조건 자극)를 주면 개는 위액 분비(무조건 반응)라는 자연 반사를 하게 된다. 그러나 파블로프가 또한 주목한 것은 다른 중립적 자극이 이러한 무조건적 자연 반사와 연합하게 된다는 것이었다. 예를 들어 실험자가 가까이 다가오는 광경 혹은 그의 발자국 소리(조건 자극)가 또한 무조건 반응, 즉 위액 분비를 일부 일으키기 시작하였다. 이것은 조건 반응이라 불리우게 되었다. 이제 사회적 자극과 그 결과들이라는 것을 사용하여 내가 위에 기술한 것을 다시 제시한다면, 태도 습득에 있어 고전적 조건화가 왜 중요한지 자명해질 것이다. 그 예로서 대인 태도에 관하여 살펴보겠다. 좀더 정확히 말해, 대인 매력에 대한 사회심리학의 한 예를 사용하겠다. Byrne(1971)은 태도의 유사성이 대인 매력을 잘 예언해 준다는 것을 보여주었다. 우리는 우리와 유사한 태도를 가진 사람들을 좋아하는 경향이 있다. 그는 이것을 고전적 조건화의 모델로 설명하였다. Byrne은 유사한 태도는 우리에게 보상적 가치를 지니는데, 왜냐하면 그것이 우리로 하여금 사회적 비교(이 장의 뒤에 나오는 절 참조)를 하게 해주며, 그리하여 우리의 세계관 그리고 우리가 그 안에서 현실적이고 효율적으로 기능하고 있음을 확인시켜 주기 때문이라고 주장하였다. 그래서 우리는 유사한 태도를 좋아하는 것이다. 우리의 사회적인 관계에 있어, 태도는 맥락 없이 독자적으로 존재하는 것이 아니다. 그것은 사람들에 의해 지녀지는 것이며, 어떤 사람이 그 유사한 태도들과 연합되어 있는 정도만큼 그 사람은 유사한 태도에 의해 일어나는 긍정적 평가의 일부분도 일어나게 할 것이다. 따라서 이 경우 유사한 태도는 무조건 자극이고, 그 태도들에 대한 긍정적 평가는 무조건 반응이며, 그러한 태도들을 가지고 있는 사람들은 조건 자극이고, 그 사람에 대해 우리가 가지게 된 호감은 조건 반응이다—즉, 태도 유사성 효과로부터 나온 긍정적 평가의 일부분이다. 물론 이 예에서는 무조건 자극조차도 파블로프가 관찰한 것과 같이 기본적인 생물학적 반사에 기초한 것이 아니다. 많은 태도들은 물론 상당히 복잡한 조건화의 유형들 위에 세워진다.

내가 태도 습득의 기본으로서 고전적 조건화의 아주 간단한 한 가지 예만을 제시하였지만, 그것의 영향력은 광범위한데, 대부분의 경우는 알지 못하고 그냥 지나치기 쉽다. 예를 들어 많은 광고들이 음악이나 유머, 아름다운 장면, 혹은 매혹적인 남녀 배우들을 사용해 우리들에게 유쾌한 기분을 일으키려 하는데, 그것은 이러한 것들이 일으키는 유쾌한 기분과 상품을 연합시킴으로써 상품 자체를 보다 좋게 평가하도록 해줄 수 있다는 것에 기초한 것이다. 또한 우리는 흔히 경주용 자동차의 위나 스포츠 경기장 벽 위에 있는 광고들을 접하는데, 이것도 마찬가지로 상품을 스포츠나 경쟁의 흥분으로부터 일어나는 긍정적 감정과 연합시키려는 것이다. 광고 자체에 대한 태도는 상품에 대한 태도, 그리고 그 구매 의도와 관련이 있다 (MacKenzie et al., 1986).

## 식역하(識域下, subliminal) 조건화

많은 고전적 조건화가 아주 분명하고 의식적인 수준에서 일어나지만, 또한 우리가 의식하지 못하는 자극에 의해 영향을 받을 수 있다는 몇 가지 증거가 나와 있다. Krosnick과 그의 동료들(1992)의 연구에서, 피험자들에게 쇼핑이나 자동차에 타는 것과 같은 일상적 활동들을 하고 있는 사람들의 사진을 보여주었다. 피험자들이 모르고 있는 것은 이 사진들이 제시되기 전에 다른 사진들을 의식적으로 인식될 수 있는 수준 이하의 빠른 속도로 제시하였다는 점이다. 이러한 식역하의 자극들(subliminal stimuli)은 흔히 참여자들에게 긍정적 혹은 부정적 감정을 일으키게 된다. 예를 들어 긍정적인 식역하 이미지로는 카드 놀이를 하면서 웃고 있는 사람이 될 수 있으며, 부정적 식역하 이미지로는 외과 수술 같은 것이 될 수 있겠다. 그 후 낯선 사람에 대한 태도를 평가했을 때, 부정적인 식역하 이미지에 노출되었던 집단은 긍정적인 식역하 이미지에 노출되었던 집단보다 훨씬 덜 긍정적으로 평가하였다. 연구자들은 실험의 피험자들이 감정적으로 유도하고 있는 식역하 자극들을 알아 차리지 못한다는 것을 확인하였으며, 따라서 이것은 피험자가 의식하지 않고도 조건화가 이루어질 수 있음을 보여 주는 것이었다. 우리의 태도는 우리가 의식하지 않고도 영향받을 수 있는 것으로 보인다. 식역하의 설득이라는 주제는 논란의 대상이 되고 있다. 이미 가지고 있는 태도나 성향이 일어나게 할 수는 있지만 태도를 바꿀 수는 없다고 주장하였다(Larson, 1992). 그러나 또한 Krosnick과 그의 동료들의 연구에서 나온 증거는 새로운 태도 또한 식역하 조건화에 의해 영향받을 수 있으며, 이것은 우리가 생각하는 것보다 훨씬 자주 일어날 수 있음을 시사하고 있다.

## 도구적 조건화

이 접근 방법에서는 행동의 습득과 유지에 있어서의 강화의 역할을 강조한다. 우리가 태도를 평가적 반응이나 행동(내재적인 것이든 혹은 외현적인 것이든)으로 생각한다면, 우리는 이 이론이 태도의 습득과 유지를 설명하는데 적절하다는 것을 알 수 있다. 도구적 조건화는 보상받은 행동(그리고 태도)은 더 강화될 것이며, 보상받지 못한 행동은 점점 강력해지는 라이벌 행동에 의해 대체될 것이라는 사실을 강조한다. 여기에서 보상은 그 사람에게 있어 어떤 긍정적인 일의 발생 혹은 어떤 부정적인 것의 중지가 될 수 있다. 반대로, 부정적인 결과가 따랐던 반응들은 그 빈도와 강도가 감소된다. 예를 들어, 어린 아이가 어떤 긍정적인 행동을 했을 때 사탕을 주거나 칭찬(상징적 보상)을 해주면 그 행동과 그에 연합된 태도가 강화될 것이다. 도구적 보상은 부모들이 수많은 영역들—교육, 종교, 여러 사회적 가치관,

위생 등의 문제들—에서 자녀들의 태도를 형성시켜 가는 중요한 수단이다. 이것은 물론 긍정적인 태도뿐 아니라 부정적인 것도 강화할 수 있다. 편견이 있는 부모는 그들의 자녀들이 편견적인 태도를 보일 때 암암리에 그에 대한 승인을 표시하고, 말로 동의하며, 심지어 아이가 자신들의 것과 유사한 편협한 관점을 표현할 때 구체적인 보상을 주기까지 한다. 겨우 두세 살의 어린 아이들도 인종이나 성별에 따라 사람들을 분류할 수 있는 것으로 보인다. 그러나 고정관념의 습득이나 적용, 그리고 평가적 판단은 그 사람의 사회화의 경험, 그리고 그러한 판단을 표현했을 때 받은 보상의 패턴들에 의해 훨씬 더 좌우된다. 그리고 물론 이러한 태도들이 습득되고 나면, 그 사람은 자신과 유사한 태도를 가진 사람들과 교류하는 것에서 가장 큰 보상을 발견할 것인데, 이것은 자신들의 그러한 관점에 대한 계속적 확인과 강화를 제공해 주기 때문이다(사회적 비교에 관한 절 참조). 도구적 조건화가 어린 아동들의 태도 형성에 있어 특히 강력하긴 하지만, 사실 그것은 우리의 평생에 걸쳐 영향을 준다.

## 보상의 성질

도구적 조건화에 관한 논의를 끝내기 전에, 두어 가지 기술적인 문제들을 언급할 필요가 있다. 첫째, 위에 내가 제시한 첫 번째 예에서 사탕이나 칭찬이 반응을 강화시킬 것이라고 말한 것을 기억할 것이다. 물론, 그것은 아이가 부모의 칭찬을 보상으로 여기는지 아니면 부모를 성가시게 하는 데에서 더 큰 보상을 발견하는지에 따라 다르다! 내가 이 말을 하는 이유는 때로는 무엇이 그 사람에게 보상이 될 것인지를 미리 정하기가 어렵다는 점을 강조하기 위해서이다. 사탕이 보상이 될 수 있지만, 사탕 공장에서 일해

본 사람이라면 누구나 처음에는 끊임없이 사탕을 먹다가 이후 곧 먹지않게 되었다는 얘기를 할 것이다. 두 번째로 중요한 점은 우리는 이미 존재하고 있는 행동이나 태도에만 보상을 줄 수 있다는 점이다. 우리는 행동을 새로 창조하기보다는 단지 그것들을 정리하거나 강화시킬 수 있을 뿐이다. 그러나 우리의 애초의 행동이나 태도는 이 장에서 논한 다른 과정들, 즉 직접적 정보나 고전적 조건화 혹은 관찰 학습 같은 것을 통해 습득된다. 마지막으로, 행동주의 심리학의 많은 연구들이 행동 변화를 위한 가장 효과적인 보상의 패턴을 알아내기 위하여 이루어졌다. 우리가 이 주제를 깊이 다룰 시간은 없지만(그리고 그 연구들은 대부분 태도 심리학이 아닌 다른 영역들에서 이루어졌다), 강화에 있어 그 수와 양식, 그리고 타이밍이 중요함을 알아둘 필요가 있다.

## 관찰 학습

관찰 학습—때로 모델링 혹은 대리 학습이라 불리움—은 우리가 다른 사람(흔히 모델이라 불리우는)의 태도나 행동, 그리고 그 결과들을 관찰함으로써 어떻게 태도와 행동을 학습하게 되는지에 관한 이론이다. 이러한 모델은 실제 인물일 수도 있고 상징적인(대중 매체에 나오는) 것일 수도 있다. 이런 유형의 학습은, 고전적 혹은 도구적 조건화와는 달리, 외적인 보상에 의존하지 않는다(Bandura, 1971)는 점이 중요하다. 물론 이것은 태도 학습의 주요한 원천이다. 아주 초기 아동기부터 우리는 부모나 형제, 친구들, 선생님들, 그리고 다른 중요한 사람들을 관찰함으로써 혹은 텔레비전을 시청함으로써 정보를 얻는다.

모델링은 개인에게 적어도 세 가지 주요한 효과를 가지는데, 정보적, 동기적, 강화적 효과가 그것이다. 정보적 효과는 정보 수집에 관한 앞 절에서 우리가 이미 대부분 다루었다. 관찰 학습의 나머지 두 가지 기능들은 그것보다 덜 명확하다. 행동을 관찰하면서, 우리는 또한 그 행동이 우리에게 가지는 잠재적 유용성과 가치를 학습하게 된다. 이것은 어떤 특정의 상황에서 그 행동의 표현을 장려하거나 혹은 억제시키는 역할을 한다. 다른 아이가 반사회적 행동을 하여 처벌을 받는 것을 관찰한 아이는 그러한 행동을 덜 하고자 하게 된다. 마지막으로, 우리는 우리가 이전에 관찰한 태도 혹은 행동의 어떤 변형에 흔히 접하게 되는데, 이런 상황의 경우 우리의 관찰이 기존의 태도나 행동과 그 결과들 간의 지각된 연관을 확인시켜주거나 혹은 약화시켜주는 역할을 하는 것을 관찰의 강화적 기능이라 한다. 관찰의 강화적 기능을 보여주기 위하여, 내가 앞에서 들었던 예를 보다 자세히 설명해 보겠다. 반사회적 행동을 하는 모든 아이들이 부모에게 처벌을 받는가, 아니면 어떤 아이들은 실제로 어떤 면에서 이득을 얻는가? 슈퍼마켓에서 떼를 쓰는 아이는 자신을 조용히 시키고자 하는 어른으로부터 사탕을 얻을 수 있는데, 이것은 그 아이에게 혹은 그것을 지켜 본 다른 아이들에게 흥미로운 모습이 될 수 있다. 그들은 자신들의 부모를 인질로 삼아 협박하여 원하는 보상을 얻기 위해서는 사람들 앞에서 떼를 쓰면 된다는 것을 배운다.

### 관찰 학습의 과정

행동과 태도의 관찰 학습에 영향을 주는 네 가지 주요 요인들이 있는데, 주의집중(attention), 유지(retention), 재생(reproduction), 그리고 동기

(motivation)가 바로 그것이다. 태도를 학습하거나 변화시키기 위해서는 먼저 그것의 존재를 인식해야 한다. 텔레비전 광고자들은 이 점을 잘 알고 있어서, 시청자의 주의를 끌기 위해 외우기 쉬운 곡조나 유머, 짧은 장면들, 그리고 빨리 움직이는 동작을 사용한다. 사람들은 또한 자기들이 동일시할 수 있는 모델에게 보다 주의를 기울인다. 어린 아동들의 경우에는 그 모델이 부모이다. 좀더 자라서는 동료, 특히 동성의 동료들, 그리고 대중 매체에 나오는 인물들 혹은 자기가 흠모하는 사람들이 그 모델이 된다. 우리가 일단 행동이나 의사 전달에 주의를 기울인 다음에는, 우리가 접하였던 정보를 처리하여야 한다. 일부의 설득 이론들은 어떤 형태의 설득은 최소의 인지적 처리만으로도 일어날 수 있다고 강조하지만, 관찰 학습에서는 완전히 새로운 태도나 행동을 학습하기 위해서는 새로운 정보가 입력되고 유지되어야 함을 강조한다. 여기에서 일어나는 인지 과정이 많을수록 그 태도는 보다 확고한 기반을 가지게 된다. 이 두 가지 단계는 태도의 습득에 중요하다, 그러나 세 번째 중요 단계는 태도나 행동의 재생이다. 우리는 태도와 행동을 표현하는가? 다음 장에서 살펴보겠지만, 태도와 행동 간의 연관은 기껏해야 미미한 수준이다. 온갖 상황이 거기에 개입하여 태도의 표현을 가로막을 수 있으며 또한 그 사람이 학습된 행동을 재생할 수 있을 정도로 단지 충분히 숙달되고 동기화되어 있지 않을 수도 있다. 설득 메시지에 따른다는 것은 그 사람에게 이득뿐 아니라 대가를 수반할 수 있다. Bandura 학습 모델의 마지막 단계는 강화다. 강화에 의해 영향받는 것은 이미 학습된 행동의 표현이지, 그것의 처음 학습이 아니라는 점에 주목할 필요가 있다. 강화는 행위의 어떤 직접적 결과에 의한 것일 수 있다. 혹은 간접적 결과에 의한 것, 즉 그 행위를 하는 다른 사람들이 보상 혹은 처벌

받는 것을 관찰함으로써 일어나는 것인지도 모른다. 혹은 그것이 그 사람에게 어떤 내적인 가치를 지니기 때문에, 혹은 그 사람이 그 행위에 대하여 자기 강화를 주는 것을 학습했기 때문에 일어나는 것일 수도 있다. 후자의 경우는 많은 상담자들이 상담하면서 일어난 변화를 계속 유지시키기 위하여 내담자들에게 가르쳐야 하는 방법이다.

### 관찰 학습의 광범위한 영향

Bandura의 관찰 학습을 지지해 주는 많은 연구 결과가 나와 있다. 그것은 아동들이 실제 모델 혹은 상징적 모델들을 관찰 학습하는 것을 보여주었다. 이 방법은 상담이나 임상심리학에서 널리 쓰인다. 모델이 어떤 특정 상품을 구입하고 사용함으로써, 혹은 어떤 행동, 예를 들어 자선 단체에 기부를 하는 것과 같은 행동을 함으로써 그에 대해 구체적인 혹은 상징적인 보상을 받는 것을 보여주는 광고에 해마다 엄청난 액수의 돈이 쓰여지고 있다. 광고자들이 사람들의 행동에 가능한 한 많은 영향을 줄 수 있기를 바라는 것은 당연하다!

## 사회적 비교

사회적 비교 과정의 이론은 Leon Festinger(1954)가 제안한 것으로, 기본적으로 우리에게는 우리들의 태도와 능력을 평가하려는 내적 욕구가 있다고 주장한다. 만일 우리가 잘못된 정보에 근거하여 움직이게 될 경우, 효율적으로 기능하기가 어려울 것이라는 점을 생각해 보면 이것은 상당히 일리가 있는 말이다. 이러한 점에서 볼 때, 사회적 비교에의 욕구는 우리가 자신의 입장에 대하여 분명치 않은 영역에서, 그리고 불확실한 경우에 더 강한 것 같다. 아마도 이것은 떼를 지어 그저 같이 몰려 다니려는 청소년들의 강렬한 욕구를 부분적으로 설명해 줄 수 있을 것이다. 겉보기에는 그들이 별로 하는 일이 없는 것 같지만, 사실은 급격히 신장되고 있는 그들의 사교 세계 내에서 자신의 태도와 특성들, 그리고 사회적 입장에 대하여 주요한 비교를 하고 있는 것이다.

많은 신념들은 객관적으로 테스트될 수 있다. 내가 마라톤을 뛸 수 있는지 없는지는 실제로 해봄으로써 테스트할 수 있다. 그러나 다른 많은 신념들과 태도들은 객관적으로 테스트될 수 없기 때문에, 이러한 경우 우리는 결국 사회적 비교라는 간접적 방법에 의존해야만 한다. 예를 들어 당신이 마라톤을 잘 뛰는지 아닌지를 어떻게 테스트할 수 있는가? 오로지 당신의 실력을 다른 사람들과 비교해 봄으로써 할 수 있다. 이러한 종류의 비교가 당신의 신념과 태도들에 관한 객관적인 타당성을 제공하지는 않지만, **합의적 타당성**(consensual validity)—사회적 합의에 의한 타당성—을 제공해 준다. 우리들에게 가장 중요한 능력과 태도들은 많은 경우 사회적인 성질을 지니며 객관적으로 테스트될 수 없다. 따라서 사회적 비교 과정에 의해 주어지는 합의적 타당성은 우리에게 대단히 중요하다. 예를 들어 태도의 사회적 비교는 매우 중요한 것으로 간주되어서 우리가 왜 비슷한 태도를 가진 사람들과 가깝게 지내는지를 적어도 부분적으로는 설명해 주는데, 그것은 우리의 태도에 대한 합의적 정당화, 즉 우리가 사회 생활에서 효율적으로 기능하고 있다는 확인을 얻기 위해서이다(Byrne, 1971). 그러나 거기에는 작은 함정이 있을 수 있는데, 그것은 단지 다른 어떤 사람이 당신과 비슷한 태도를 가졌느냐, 아니냐를 테스트하는 것뿐이며, 그러한 태도가 얼마나 기능적이고 적응적인가를 테스트하는 것은 아니다. 두 사람이 비슷한 부적응적 태도들을 공유할 가능성은 얼마든지 있을 수 있다.

## 관련 속성 가설들(The related attributes hypothesis)

사회적 비교에 대한 Festinger의 처음 논문은 그 후 많은 후속 연구들을 낳았다. 그 논문이 매우 중요한 출발점이 되었지만, 어떤 면에서 그것은 또한 모호하고 테스트하기가 어렵다는 점이 밝혀졌다. 예를 들어 우리가 자신과 비교하기 위해 비슷한 사람들을 찾아 사회적 비교를 하려 할 경우, 우리는 정말 우리의 태도를 '테스트하고 있는' 것인가, 아니면 그저 무조건 우리의 태도를 확인받으려 하는 것인가? 또한, 비교의 목적을 위해 우리가 어떻게 비슷한 사람들을 찾는가? 이것은 어떤 점에서 닭이 먼저냐 달걀이 먼저냐의 상황과 같아서, 우리가 비교를 해보기 전까지는 그 사람이 비슷한지를 알 수 없으며, 그리고 나서 그들이 비슷하지 않을 경우 때는 이미 너무 늦어버린다. 이러한 딜레마에 대한 한 가지 가능한 해답이 **관련 속성 가설들**(Goethals & Darley, 1977; Miller, 1984)이라 불리우는 것이다. 즉, 아마도 우리는 어떤 중요한 면들(나이, 성별 등)에 있어 우리와 유사한 비교 대상들을 찾은 다음, 중요한 태도들(음악, 패션, 부모 등)에 대하여 비교할 것이다. 때로는 우리가 사회적 비교 대상 선택의 근거로 사용하는 유사성이라는 것이 거기에서 평가되고 있는 태도나 능력과 실제로는 거의 혹은 전혀 관계가 없어 보이기도 하지만, 아마도 이러한 유사성이 클수록 사회적 비교 과정의 결과에 대하여 더 신빙성을 부여하게 될 것이다. 예를 들어 학생들은 여러 다른 교과 영역에서의 자신들의 수행을 평가할 때, 자신의 연령집단 전체를 포괄하는 좀더 일반적인 규준을 사용하기보다는 자신이 속한 성별의 전형적인 수행 수준일 것이라고 자기가 생각하는 것을 기준으로 한다. 아마도 그들은 미술 과목보다는 과학 과목들에 대하여 다른 기대를 가질 것이다. 이런 식의 좀더 한정된 비교는 어떻게 학문적 수행을 자극하거나 혹은 그 의욕을 잃게 할 수 있는지의 문제에 대하여 중요한 점을 시사해 줄 수도 있다.

사회적 비교는 그 사람에게 여러 가지 목적을 수행하며 따라서 그것은 각기 다른 상황에서 다르게 기능한다(Wood, 1989). 예를 들어 우리가 어떤 운동을 좀더 잘 해보고자 하는 의욕을 가지거나 혹은 어느 사회 집단에 들어가고 싶어할 경우, 우리는 그 운동을 나보다 잘하는 사람 혹은 내가 들어가고자 하는 집단의 멤버와 비교할 것이다(상향 비교). 마찬가지로, 우리가 자존감을 증진시키고자 할 경우, 우리는 어떤 능력에서 나보다 못한 사람과 비교할 것이다(하향 비교). 사회적 비교는 애초에 묘사된 것과 같이 비편파적인 과정이 아니다.

관련 속성들에서의 유사성은 기존의 태도를 평가(그리고 수정)하는 데에 유용한 기반이 되면서, 이것은 또한 새로운 태도 형성의 토대가 된다. 내가 처음에 예로 들었던 청소년 집단의 경우로 돌아가서 어느 집단에 처음 들어가게 되면 십대 아이들은 자신과 자신의 가치관을 집단의 다른 멤버들 혹은 그들의 가치관, 혹은 집단 전체의 가치관과 비교하기 시작한다. 그들이 어떤 아이들을 좋아하게 되면 그 아이들의 어떤 태도와 행동들을 따라 한다. 그들이 어느 집단에 끌릴 경우, 그들은 그 집단을 다른 집단들과 비교하며, 이 다른 집단들에 대하여 태도를 형성하게 되는데, 그것은 집단들 간에 심리적 거리를 만들고 자기가 선호한 집단에 대한 자신의 선택을 확인시켜 주는 태도이다.

## 유전

태도의 전통적 정의는 그것이 학습된 성향이라는 것이다. 보다 최근의 연구는, 현재 비교적 적은 숫자이기는 하지만, 그것이 항상 그렇지는 않다는 것을 시사해 주고 있다. 적어도 어떤 태도 형성의 경우에는 유전적 근거가 있을 수 있다. 잘 생각해 보면 이것은 직감적으로 일리가 있다. 예를 들어 어떤 공포들은(예를 들어 뱀이나 거미에 대한 공포) 보다 쉽게 습득되며 따라서 좀더 흔히 일어나는 것으로 오랫동안 알려져 왔다. 따라서 이러한 동물들에 대하여 부정적인 태도를 형성하려는 소지를 또한 이미 가지고 있는 것으로 보인다. 마찬가지로, 성격의 어떤 면들은 유전적인 근거를 가진 것으로 보이며, 어떤 유형의 성격을 가진 사람들은 특정 유형의 태도를 형성하기 쉽다는 것이 논리적인 것으로 보인다. 예를 들어 아주 심하게 불안한 사람은 아마도 여러 가지 공포 태도들을 가지기 쉬울 것이다.

우리가 적어도 일부 태도들의 경우 어떤 종류의 유전적 근거가 있을 수 있다고 일단 받아들이기 시작하면, 보다 가까운 친척 관계인(다시 말해, 유전적으로 보다 유사한) 사람들이 유전적 요소가 개재된 영역에서 보다 유사한 태도들을 보일 것이라는 가설을 세우는 것은 그다지 어려운 일이 아니다. 나는 유전적 요소 혹은 근거, 즉 어떤 태도를 형성하려는 성향이 있다는 것이지, 태도가 생득적이라고 말하고 있는 것이 절대 아니라는 점에 주목하기 바란다! 태도에 대한 어떠한 유전적 영향에 대하여서도 그것이 어떻게 일어나는지 그 배후의 과정은 아직도 매우 불분명하다.

심리적 속성들(태도를 포함한)에 대한 유전의 정도와 그 영향을 연구하는 전형적인 절차는 유전적 관련도가 각기 다른 사람들을 비교하는 것이다. 특히 쌍둥이 연구를 많이 한다. 일란성 쌍둥이는 같은 수정란에서 나와 일란성이라 불리우며, 비일란성 쌍둥이는 두 개의 각기 다른 수정란에서 나와 이란성이라 불리운다. 전자의 경우 쌍둥이는 유전적으로 동일하며, 후자의 경우에는 그렇지 않다. 이러한 쌍둥이들 간의 유사점과 차이점들을 조사함으로써 유전적 요소들이 그 개인의 심리적 특성들에 어느 정도 영향을 줄 수 있는지를 알아 볼 수 있다. 이보다 더 유용한 방법은 같은 환경에서 양육된 쌍둥이들과 따로 양육된 쌍둥이들을 비교하는 것이다. 그렇게 함으로써 환경적 요인들의 영향을 고려할 수 있다. 종합하자면, 함께 혹은 따로 양육된 일란성과 이란성 쌍둥이들을 살펴봄으로써, 연구하고 있는 심리적 속성에 대한 유전적, 환경적 영향의 정도에 대하여 중요한 통찰을 얻을 수 있을 것이다.

많지 않은 직접적 연구들의 결과는 태도의 형성에 유전이 정말 영향을 준다는 것을 지지해 주고 있다. 일란성 쌍둥이는 비일란성 쌍둥이보다 유사한 태도를 가지기가 쉽다. 이러한 영향은 일란성 쌍둥이가 유사한 조건에서 양육되기 때문이 아니다. 어렸을 때 분리되어 아주 다른 환경에서 자란 일란성 쌍둥이의 경우에도 그 결과는 확실하다.

태도에 대한 유전의 영향은 그것이 어떤 태도인가에 따라 달라지는 것으로 보인다. 난해한 주제들과 같이 좀더 인지적, 지적인 성질을 가지는 태도들이나 직접 경험이 많지 않은 영역들보다는 음악적 취향과 같이 정서적 혹은 감정적 요소들을 강조하는 상당히 기본적인 태도들의 경우에 유전적인 영향이 더 중요하다. 한 연구에 의하면, 종교적 태도는 유전적 요인들에 의해 조금 영향받는 반면에, 어떤 종교를 택할 것인지는 사회, 문화적 영향들에 크게 좌우되는 것으로 나타났다(Donofrio et al., 1999).

실제 예들을 살펴볼 때, 어렸을 때 분리되어 자란 후에 만난 쌍둥이의 경우 흔히 자연스런 친화감을 보고하였다. 아마도 이것은 태도의 유전 가능성에 관한 연구에 의해 적어도 부분적으로는 설명될 수 있다. 태도의 유사성이 호감과 사회적 접촉의 기반이 되어준다는 것은 잘 알려져 있다. 그러나 적어도 어떠한 태도 유사성 효과들은 유전적 근거로 설명될 수 있는 것 같다(Posner et al., 1996). 또한 유전 가능성이 높은 태도들은 더 신속히 반응되고, 잘 변하지 않으며, 태도 유사성에 의한 호감 효과도 좀더 크게 나타나는 것으로 보인다(Tesser, 1993, 1998).

## 요약

이 장에서는 태도 습득의 일곱 가지 주요 방법들을 살펴보았다. 가장 간단한 수준으로, 우리는 정보를 직접 모으고 거기에 근거하여 태도를 형성한다. 대중 매체는 이러한 점에서 중요할 수 있다는 것 때문에 많은 관심을 받았다. 그러나 개인적인 의사 전달, 실제 경험들, 그리고 태도 대상에 대한 단순한 노출 또한 영향을 줄 수 있다. 행동주의 이론들은 태도 학습에 있어서의 보상과 처벌의 역할을 강조한다. 반면에 관찰 학습은 우리가 단순히 다른 사람들을 관찰함으로써 학습할 수 있다는 것을 강조한다. 그러나 이러한 학습된 태도와 행동들이 표현될 것인지의 여부에 있어서는 보상이 중요한 결정 요소라고 보았다. 사회적 비교 이론은 우리의 태도와 의견을 다른 사람들의 그것과 비교하는 것—그리하여 태도의 변화를 가져올 수 있는 —이 중요하다는 것을 강조한다. 마지막으로, 나는 태도 형성에서의 유전의 역할을 검토하였다. 어떤 태도들의 경우 유전적 요소들이 있음을 보여주는 증거가 많아지고 있는데, 특히 단순하고 정서적인 반응들의 경우에 그러하다. 종합하자면, 우리가 태도를 습득하는 데에는 여러 가지 복잡하고, 상호 연관된 방법들이 있다.

## 더 읽을거리

Perloff, R. M. (1993) *The dynamics of persuasion*. Hillsdale, NJ: LEA. 태도 형성에 대한 훌륭한 장—특히 식역하 설득에 관하여 자세히 설명한—을 포함하고 있다.

Tesser, A. (1993) The importance of heritability in psychological research-the case of attitudes. *Psychological Review, 100*, 129-142. 모든 태도는 학습되는 것이라고 아직도 생각하고 있는 사람들이 꼭 읽어야 할 것으로서, 일부 태도들에서의 유전적 요소에 대한 좋은 증거를 보여준다.

Wood, J. V. (1989) Theory and research concerning social comparisons of personal attributes. *Psychological Bulletin, 106*, 231-248. Festinger가 처음 사회적 비교 이론을 주장한 이후의 발달에 관하여 잘 개관해주고 있다.

3장

# 태도의 측정



Chapter 3

## 서론

태도의 성질을 하나의 가설적 구조로 이론화할 수 있기는 하지만, 그것이 실용적 가치를 가지기 위해서는 우리가 어떤 식으로든 그것을 측정할 수 있어야 한다. 이 절에서 나는 태도 측정의 광범위한 접근 방법들을 몇 가지 주요 범주들로 분류하고, 그러한 발달의 토대가 된 몇 가지 문제들에 관하여 간단히 논하겠다. 이 장의 나머지에서는 각 범주의 접근 방법들과 주요 기법들을 자세히 검토하겠다.

심리학의 오래된 영역인 만큼 아주 많은 방법들이 개발되었다. 심리학자들이 관심을 가진 여러 가지의 연구 문제들에 의하여, 그리고 연구자들의 창의성과 독자성에 의하여 매우 다양한 접근 방법들이 개발되었다. 예를 들어 당신이 그다지 자극적이지 않은 주제, 즉 어떤 슈퍼마켓을 선호하는가와 같은 것에 관한 많은 사람들의 태도에 관심이 있을 경우, 당신은 비교적 신속하고 실시하기 쉬운 방법, 또한 좀더 이상적으로는 전문가의 지도를 많이 요하지 않는 방법을 원할 것이다. 이 경우 설문지 조사나 표준화된 태도 척도가 이상적인 해답이 될 것이다. 반면에, 당신이 아주 민감한 태도, 즉 편견이나 차별 대우 같은 것의 측정에 관심이 있을 경우, 이러한 종류의 태도들은 거짓 반응을 일으키기 쉬우며 사람들로 하여금 사회적으로 바람직한 반응을 하도록 하는 경향이 있다. 이를 제거하기 위하여 태도 척도 사용시에 그 목적을 위장하거나 혹은 중요한 문제에 간접적으로 접근해야 한다. 태도 척도를 사용하는 대신에 투사적 테스트와 같이 보다 잘 드러나지 않고 간접적인 기법을 사용할 수 있다. 물론 사람들이 거짓된 태도 반응을 보이는 것은 흔히 자신의 체면을 살리기 위한 것이므로, 사회적으로 바람직한 반응이 아닌 솔직한 반응을 하도록 보장하는 한 가지 방법은 그들로 하여금 허위 반응이 들킬 수 있다고 믿게 하는 것이다. 그들이 그것을 믿게 될 경우 거짓말쟁이나 자의식이 없는 사람으로 보여서는 안 되고 자신의 진짜 태도를 드러내게끔 압력을 받게 된다. 이에 관하여 꽤 많은 연구가 이루어졌지만, 이것이 어떤 경우에는 윤리적인 문제의 여지를 가질 수 있다.

앞에 나온 논의에서 보았듯이, 비교적 형식적인 방식으로 태도를 측정하고자 많은 노력이 이루어졌다. 그러나 어떤 연구자들은 형식적 접근 방법의 문제를 해결하기 위하여 완전히 다른 접근 방법을 채택하였다. 그 중 한 가지 방법은 형식적 방법들에서 채택하는 방법을 반대로 적용하여 태도 측정의 문제에 접근하는 것이다. 사람들이 반응하는 매우 구조화된 도구나 기법을 만들어내는 대신, 비형식적으로 반응을 끌어내면 어떨까, 인터뷰를 통해 혹은 그들에게 일기를 쓰게 함으로써, 그리고 나서 그들의 반응들을 분석함으로써 어느 주제에 대한 그들의 태도를 알아내는 것이 어떨까? 태도 척도를 만드는 것은 많은 작업을 요하지만, 일단 만들고 나면 이후 거기에 반응하고 그것을 처리하는 것은 아주 쉽다. 반대로, 태도 측정의 비형식적 방법의 경우에는 그것을 금방 제작할 수는 있지만, 수집된 정보에서 반응자의 태도를 알아내는 처리 과정에 상당한 노력이 요구된다.

어쨌거나 앞에서 언급한 기법들은 모두 여러 방법으로 자신의 태도를 보고하는 사람들에게 주로 초점을 맞춘 것으로서, 그 형식성과 직접성의 정도에 있어서 다르다. 자기-보고에 의존하지 않는 방법도 물론 있는데, 행동의 직접적인 관찰이 그것이다. 당신이 이것을 보다 객관적인 방법으로 생각할지 모르지만, 이것 또한 개념적이고 실제적인 문제들을 안고 있다. 실제적인 수준에서는, 어떤 사람이 다른 한 사람의 모든 행동을 항상 관찰할 수는 없으며, 따라서 무엇을 언제 관찰할 것이며, 그것을 어떻게 범주화할 것인가 하는 것이 그 주요 문제이다. 보다 개념적인 수준에서는, 만일 태도가 기본적으로 주관적인 현상일 경우, 우리가 이러한 '객관적인' 측정에 의해 그것을 파악할 수 있는가? 내가 다음 장에서 이야기하겠지만, 태도와 행동 간의 관계는 완전한 일관성과는 거리가 멀다. 바로 그 사실을 보여주는 것이 많은 연구자들의 평생의 직업이 되었다!

그렇다면 결론이 무엇인가? 기본적으로 태도 측정에 있어 이상적인 혹은 완벽한 방법은 없다는 것이다. 태도의 어느 특정한 평가에 있어 어떤 방법이 가장 적절한가 하는 것은 연구하고자 하는 주제 그리고 어떤 집단의 사람들을 대상으로 하는가에 달려 있다. 편견이나 차별 그리고 불법적인 혹은 사회적으로 승인되지 않는 행동들이 주제인 경우에는 개인차가 사회적으로 보다 수용되는 주제들의 경우에서보다 좀더 교묘한 접근법을 사용하여 측정되어야 한다. 마찬가지로, 아동이나 노인, 혹은 장애자와 같은 특정 집단의 사람들의 경우에는 연구에 참여하기 위해 필요한 인지적, 물리적 능력을 고려한 접근 방법이 요구된다. 그들이 태도 연구에 온전히 참여할 수 있기 위해서는 어린 아동들의 경우 주의폭(attention span)과 읽기 능력, 그리고 장애자 집단들의 경우에는 신체적 혹은 정신적 능력들을 고려하여야 한다. 태도 측정에서의 이러한 문제들에 관하여 보다 자세히 살펴보기 위해 이제는 여러 가지 접근 방법들을 보다 상세히 검토해 보는 것이 적절할 듯하다. 먼저, 가장 널리 사용되는 방법인 형식적 태도 척도들에 대하여 살펴보겠다.

## 행동의 관찰

이 방법은 태도를 평가하는 가장 분명하고 직접적인 방법으로 보이지만, 또한 가장 복잡한 접근 방법들 중의 하나이기도 하다. 우선, 이것은 우리가 우리의 태도와 일관되게 행동한다는 주요한 가정을 한다. 다음 장에서 이것을 자세히 살펴볼 때 알게 되겠지만, 이것이 항상 그런 것은 전혀 아니다. 수많은 요인들이 개입되어 태도와 행동 간에 간단하고 분명한 관계가 성립되기 어렵게 한다. 몇 가지 간단한 예를 들면 그 의미가 분명해질 것이다. 사회적 압력이란 우리가 집단의 규범에 반하는 태도를 표명할 수 없다고 느끼는 것을 의미한다. 즉, 우리가 그러한 일탈된 태도를 보일 경우 주류에서 밀려나거나 혹은 쫓겨날까 두려워한다. 혹은 특정 상품에 대하여 어떤 태도를 지니고 있어도 그것을 사지는 않는다. 왜 그럴까? 그것이 내가 평소에 사던 상품보다 비싸서일 수도 있고, 혹은 우리 동네의 가게에는 그것이 없고 그것이 있는 다른 가게에 가는 것은 불편하기 때문일 수도 있다. 확실한 연구 증거는 없지만, 이러한 아주 분명한 예들이 바로 우리가 항상 우리의 태도와 일치되게 행동하지는 않는다는 사실의 증거이다. 당신 자신의 경험에 비추어서도 이러한 예를 찾아낼 수 있을 것이다.

위에 들은 이러한 예들이 있기는 하지만, 우리가 우리의 여러 많은 태도들과 일치되게 행동한다는 것 또한 사실이다. 그렇다면 행동의 직접 관찰을 통해 평가하는 것의 무엇이 문제인가? 이에 대한 간단한 대답은 행동을 정확하고 체계적으로 관찰하기가 실제로 매우 어렵다는 것이다. 이것을 좀더 자세히 알아보기 위하여 그 어려움들 중 몇 가지를 살펴보자. 행동으로부터 태도를 유추하고자 할 때 우리가 부딪치기 쉬운 첫 번째 어려움은 행동이 계속적인 것이라는 사실에서 온다. 심지어 아무것도 하지 않고 가만히 서 있는 것도 행동이다. 따라서 우리는 행동의 흐름을 나눌 어떤 방법이 필요하다. 모든 것을 항상 관찰하기는 어렵다. 그래서 우리는 행동의 표본을 뽑기로 정한다. 우리는 어떤 사람을 한 번의 긴 시간 동안 관찰할 수 있지만, 이 경우 또한 문제가 있을 수 있다. 태도를 드러내는 행동이 항상 나타나지 않고 간헐적으로만 나타날 수 있다는 것이다. 따라서 한 가지 관찰을 아주 긴 시간 동안 하지 않는 한은, 우리가 간격을 두고 짧은 시간 동안 여러 번 관찰하는 것이 더 나을지도 모른다. 그렇다 하더라도 그것이 우리가 어디에서 관찰할 것인지의 문제를 해결하지는 못한다. 태도와 관련된 행동들은 어떤 특정의 상황에서만 분명하게 나타난다. 예를 들어 우리가 대인 태도, 특히 학동기 아동들의 호감에 대하여 관심이 있을 경우 어떻게 할 것인가? 자리가 배정된 학교 교실에서 우리가 아동들을 관찰할 경우 어느 두 아동이 서로에 대해 호감을 나타내지 않는다고 결론을 내릴 수 있다. 그러나 그들을 놀이터에서 관찰할 경우 그들이 오랜 시간 함께 노는 가장 친한 친구들처럼 보일 수 있다. 따라서 관찰의 장소가 이 태도의 경우에 매우 중요할 수 있다. 우리가 사람들을 관찰하는 '표준화된 상황'을 만들어 보고자 할 수 있겠지만, 그 경우 그것이 과연 실제 생활을 반영하는 것인가? 그렇게 얻어진 결과가 실제로 세상에서 태도가 언제, 어떻게 표현되는가에 대하여 어떤 진정한 의미를 가질 것인가? 쉬운 해결책이란 없다. 그러나 최소한 우리가 태도를 관찰할 때 염두에 두어야 할 한 가지 요소가 더 있는 것 같은데, 그것은 바로 태도가 상황에 따라 달라질 수 있다는 것이다. 그리고 그 복잡성은 여기서 끝나는 것이 아니다. 앞에 나온 예에서 나는 호감과 대인 매력에 대하여 이야기하였다. 내가 호감이나 우정을 추정하기 위하여 정확히 무엇을 관찰하였는지를 자세히 언급하지 않았다는 점을 당신이 알고 있을 것이다. 행동이란 모호하고 해석하기가 어려울 수 있다. 아주 흔히 관찰 연구들에서는 행동의 패턴을 관찰하기 위하여 일련의 범주들을 사용한다(예, Bales & Cohen, 1979). 그런 시스템은 사용하기가 복잡하고, 그것을 효율적으로 사용하기 위해서는 상당한 훈련을 요할 수 있으며, 그것 자체가 관찰자의 선입견이나 기대로부터 나올 수 있는 결과의 편향성을 제거해 주지는 못한다. 한 가지 가능한 해결책은 한 명 이상의 관찰자를 사용하여 그들이 관찰한 것의 일치 정도, 즉 그들이 특정의 행동들을 어떻게 범주화했는지를 살펴보는 것이다. 분명히 이러한 방법이 관찰자 편향성을 제거해 주는 것에 한 발짝 다가가는 것이기는 하지만, 어떤 특정 행동들이 관찰되었는지에 대하여 관찰자들 간에 상당히 높은 수준의 일치를 보였다 하더라도 그것이 그 행동들에 의미를 주지는 못한다. 그것은 해석, 즉 연구자 편에서의 어떤 식의 추론적 비약을 요한다.

위에서 논한 모든 어려움을 해결할 수 있다 하더라도, 우리의 관찰 자체가 관찰 대상에게 미칠 수 있는 영향을 또한 고려해야 한다. 누군가가 자신을 관찰하고 있음을 알게될 경우, 관찰당하는 사람은 자신의 행동을 바꿀 수 있다. 그들이 사회적으로 바람직한 방식으로 행동하거나 그 정반대로 행동할 수 있으며, 혹은 관찰자에게 직접 반응할 수도 있다.

대체로, 태도의 행동적 관찰은 많은 장점들을 가지고 있는데, 그것이 적어도 당신이 어느 특정의 태도가 언제, 어디서, 어떻게 표현되는지를 알아낼 수 있게 해준다는 것이다. 그러나 이것이 태도를 평가하는 쉬운 방법은 아니며, 여러 목적을 위해서는 다른 대안적 접근 방법들을 사용하는 것이 보다 신속하고 효율적일 수 있다. 특히, 태도 척도들은 특정의 주제에 대한 어떤 사람의 태도를 즉석에서 요약해내기 위한 방법으로 흔히 쓰인다. 다음에는 태도의 척도화에 대하여 이야기하겠다.

## 태도 척도들

태도 척도는 많은 장단점을 가지고 있다. 장점으로, 심리 검사는 정보를 얻는 비교적 간단하고 효율적 방법이라는 것 때문에 주로 사용된다. 태도 척도에서 응답자는 주로 많지 않은 수의 진술들(흔히 문항이라 불리우는)에 체크하거나 혹은 그 진술들을, 예를 들어 5점이나 7점 같은 척도상에서 평정만 하면 된다는 점에서 간단하다. 또한 이것은 많은 수의 사람들에게 상당히 신속하고 적은 비용으로, 전문가의 도움을 많이 받지 않고도 사용할 수 있다는 점에서 효율적이다. 태도 척도에서의 응답자들의 점수는 거기에서 평가하고 있는 태도의 연속선상의 어느 지점에 그들을 놓게 된다. 즉, 이것은 그들 태도의 방향(긍정적 혹은 부정적)뿐 아니라 상대적인 강도—이것이 얼마나 긍정적인지 혹은 부정적인지—도 보여준다. 많은 연구자들의 입장에서 볼 때 이것의 큰 이점은 태도 척도에서 얻은 숫자적 자료가 통계적 분석에 사용될 수 있다는 점이다.

태도 척도에 많은 장점들이 있으나, 불행히도 여러 심각한 단점들 또한 가지고 있다. 첫째, 여기에는 하나의 큰 가정이 있는데, 그것은 내가 앞서 언급한 것처럼, 태도 척도에 대한 반응에서 나온 점수가 응답자의 실제 태도를 정확히 반영한다는 가정이다. 그것이 얼마나 잘 만들어졌는지를 포함하여 척도의 성질들이 왜곡된 반응을 가져올 수 있다. 사회적 압력 또한 태도 척도에 대한 반응에 영향을 줄 수 있다. 응답자는 연구자가 원할 것으로 생각되는 결과를 제공하고자 할 수 있다. 혹은 그 반대로 적대적인 반응자는 일부러 틀린 대답을 할 수 있다. 척도가 잘 만들어졌고 반응자가 정직하게 반응하는 것으로 가정한다 하더라도, 태도가 일관성 있는 것이며, 수량화될 수 있고, 그것을 어떤 일차원적 선형(linear) 척도상에서 측정하는 것이 적절하다고 하는 가정에 대한 문제는 여전히 남는다. 당신의 모든 태도들이 과연 이런 짧고 명료한 기술에 들어 맞는지 스스로 묻고 싶을 것이다. 나는 나의 태도가 모두 그렇게 다 분명한 것은 아니라는 것을 알고 있다! 이러한 문제들은 결국 제1장에서 살펴본 태도의 성질에 관한 심리학자들 간의 의견 차이로 되돌아간다. 많은 연구자들이 그러한 가정들을 하고자 하지 않으며, 태도의 성질에 관해 훨씬 덜 경직된 관점을 선호하는데, 이 경우 그것은 그들에게 태도에 대한 어떤 다른 평가 방법을 요하게 된다.

그러나 앞으로 나오겠지만, 태도 척도는 만들기가 쉽지 않으며 그 신뢰도(같은 사람을 두 번 검사했을 때 그 결과의 일치 정도)와 타당도(척도가 그것이 측정하고자 하는 것을 측정하고 있는 정도)와 관련한 복잡한 문제들이 있다. 당신이 접하게 될 수 있는 여러 가지 다양한 척도화의 방법들이 있지만, 그 중에서 가장 흔히 사용되는 것이 서스톤 척도와 리커트 척도이므로 그것들을 좀더 자세히 살펴보겠다. 태도 척도 제작에 어느 정도의 노력이 드는지를(쉽게 뛰어들 일이 아님!) 보여주기 위해 서스톤과 리커트 척도의 제작에 사용된 절차를 간단히 설명하겠다. 또한 그보다는 훨씬 덜 상세하겠지만, 당신이 문헌을 읽으며 혹시 접하게 될지 모르는 보다 복잡한 다른 접근 방법들에 대하여도 언급하겠다.

## 서스톤 척도

Thurstone과 Chave(1929)의 주요 관심사 중 하나는 가장 부정적인 지점에서 가장 긍정적인 지점까지 문항이 같은 간격으로 놓여 있는 것처럼 보이는 태도 척도를 만드는 것이었다. 즉, 응답자에게 각 문항이 앞에 나온 문항보다는 같은 정도로 보다 부정적이며 다음에 나오는 문항보다는 같은 정도로 보다 긍정적인 것으로 보였다. 그리하여 이러한 태도 척도화의 방법을 동간(同間)으로 보이는 방법이라 부르게 되었다. 겉으로 볼 때, 전형적인 서스톤 척도는 태도에 관한 일련의 진술들로 구성되어 있으며, 응답자가 할 일은 단지 그 각 문항들에 동의하는지 혹은 동의하지 않는지를 표시하는 것이다. 응답자들이 태도 진술에 대한 동의의 정도를 나타낼 수 없다는 점—단지 동의 혹은 비동의만 해야 함—에 주목할 필요가 있다. 이 점을 우리가 다음 절에서 논할 리커트 척도의 접근 방법과 비교해 보기 바란다. 서스톤 척도 양식의 예를 들자면, 개에 대한 태도 척도에는 다음과 같은 문항이 포함될 수 있겠다.

1 개는 인간의 가장 친한 친구다.

2 개를 산보시키는 것은 사람들에게 운동을 하게끔 해준다.

3 개를 돌보는 데에 너무 많은 시간이 들지 않아야만 개를 키우겠다.

4 제대로 통제되지 않은 개는 다른 사람들에게 폐가 된다.

5 개는 더럽고 비위생적이다.

이러한 문항들은 단지 예에 지나지 않는다. 보통 문항수는 이것의 몇 배가 될 것이다(아마도 한 20여 문항 정도, 그보다 훨씬 더 짧거나 긴 척도들도 드물지는 않지만). 우리가 잠시 후 살펴보겠지만, 척도 구성 과정에서부터 각 문항에는 우리가 측정하고자 하는 태도와의 관련도에 따라 그 값이 주어진다. 주로 1에서 11까지가 될 것이다. 응답자가 어떤 문항에 동의하는지를 표시하고 나면, 모든 항목들의 중앙값(응답자가 동의한 진술들의 세트에서 가운데에 있는 값)이 응답자의 태도 점수가 된다. 예를 들어 응답자가 2, 3, 5번 문항에 동의한 경우, 이것들은 각기 5.5, 4.5, 2.0이라는 미리 정해진 값을 가지게 되며, 그리하여 중앙값, 즉 응답자의 태도 점수는 4.5가 된다. 서스톤 척도에서 응답자들은 단지 소수의 문항에만 동의할 것으로 기대됨에도 불구하고(나머지 문항들은 응답자들의 동의를 얻어내기에 너무 긍정적이거나 혹은 너무 부정적일 것이다), 동의된 진술들의 중앙 점수를 취함으로써 극단적인 태도가 나타날 가능성을 감소시키고 있음이 자명해 보인다.

여기에서 유념할 것은 서스톤 척도가 선형(linear)이기는 하지만 그 척도값을 '진짜' 숫자처럼 취급하는 데에는 주의해야 한다는 것이다. 6이라는 점수가 3이라는 점수보다 좀더 긍정적인 것을 의미하지만, 그것이 2배만큼 긍정적인 태도를 의미하는 것은 아니다. 여기에서 척도값은 선형 척도상에서 합산이 가능한 실제 숫자가 아니라 서열을 나타내는 것이다. 우리가 동일해 보이는 간격들이라는 어떤 심리적 개념을 다루고 있는 것이지, 실제로 동간을 다루고 있는 것이 아니다.

### 서스톤 척도 만들기

1 모든 태도 척도 제작의 첫 번째 단계는 우선 많은 수의 태도 진술들을 수집하는 것이다. 주로 100~150개의 진술들이 사용된다. 그 일이 당신이 생각하는 것처럼 쉽지 않지만, 이 단계에서 너무 적게 수집할 경우 나중에, 즉 측정하고자 하는 태도의 전 영역을 기술해 주는 신빙성 있는 진술들을 충분히 모으지 못할 경우에 문제가 생길 것이다. Edwards (1957)는 잘 쓰여진 태도 진술의 14가지 기준을 작성하였다. 아주 모호하거나, 관련이 없거나, 혹은 변별력이 없는 것들은 제거되어야 한다. 이 단계에서 이 점에 충분히 주의를 기울이지 않을 경우, 많은 시간과 노력을 이미 들이고 난 후 나중 단계에서 척도를 사용하지 못하고 버려야 하는 결과를 초래할 수 있다. 그러므로 아주 초기 단계에서 잘 만들어진 태도 진술들을 가능한 한 많이 수집하는 데 특별히 더 노력할 필요가 있다.

2 척도 제작의 다음 단계는 척도 사용의 대상이 되는 모집단을 대표할 많은 '심사원들'을 확보하여 그들에게 각 진술을 11점 척도상에서 평정하게 하는 것이다. 학생을 대상으로 한 것이라면 학생들을 심사원으로 한다. 그것이 중년의 사업가들을 대상으로 한 것일 경우에는 그러한 사람들을 심사원으로 한다. 확실히 편향적인 사람들, 즉 극단적이고 완고한 태도를 가진 사람들은 척도의 꼭대기나 바닥에 편중될 수 있으므로 제외시킨다. 어찌되든, 이제 남은 사람들의 그룹이 우리의 편향되지 않은 심사원이 된다. 보통, 40 내지 50명의 심사원들로 구성되지만, 때로는 훨씬 더 많은 수의 심사원들로 구성되기도 한다. 심사원들은 자신의 의견을 제시하는 것이 아니라(그러므로 뚜렷하게 편향

된 사람들은 심사원에서 제외된다), 진술들에 대한 객관적인 평가를 하도록 기대된다는 점에 주목해야 한다. 그들은 문항들에 대하여 자신이 동의하는지 아닌지의 여부는 무시하도록 해야 한다. 실제로 당신이 과연 얼마나 편중되지 않고 진술들을 평가할 수 있을 것인지 스스로에게 묻고 싶을지 모르겠다.

3 각 진술은 그에 대하여 심사원들이 한 모든 평정들의 중앙값(가운데 값)과 같은 값을 부여받는다.

4 심사원들 간의 동의 수준이 높은 진술들이 선택된다(이러한 것들이 보다 일관성 있고 신뢰로운 반응을 일으키는 것으로 보이므로).

5 일관성 있는 진술들을 모아 놓은 것 중에서 태도 척도의 전체 변동 범위상에서 대략 같은 간격에 놓이는 일련의 문항들을 선택한다. 예를 들어, 1.0, 1.5, 2.0, 2.5 등의 평정치를 가진 문항들이 거기에 포함될 수 있겠다.

6 자, 빨리! 우리 척도가 마련되었으니 이제 그것을 실시할 수 있다. 그러나 아직 척도의 신뢰도와 타당도에 대한 보다 많은 증거들을 모으는 일이 남아 있다.

심리 검사의 신뢰도와 타당도의 평가라는 복잡한 주제에 관한 자세한 논의는 이 책의 범위를 벗어나는 것이지만, 그것이 척도 작성에서 매우 중요한 것이므로 간단히 다루겠다(좀더 자세한 것은 Anastasi & Urbina, 1997 참조).

신뢰도는 같은 사람을 재검사했을 경우 검사가 대략 같은 결과를 얻을 수 있는 정도에 관한 것이다. 그것은 여러 가지 방법으로 평가될 수 있는데, 한 집단의 피험자를 그냥 두 번 검사하는 것에서부터 여러 가지 통계적 절차들에 이르기까지 다양하다. 신뢰도는 타당도의 중요한 선결 조건이다. 그러나 그것 자체가 타당도를 보장해 주는 것은 아니다.

타당도는 한 척도가 그것이 측정하고자 의도한 것을 실제로 측정하고 있는지에 관한 것이다. 처음에 척도 제작자는 안면 타당도(face validity, 척도가 그 대상이 되고 있는 태도를 측정하고 있는 것처럼 보이는지)를 살펴볼 것이다. 우리의 문항 분석 또한 기본적인 내용 타당도(content validity, 각 문항이 같은 것을 측정하고 있다는 확인)를 산출할 것이다. 증거들이 축적되면서, 예언 타당도(predictive validity)—앞으로의 행동에 대한 예언력—나 혹은 동시 타당도(concurrent validity)—이 척도가 다른 척도나 혹은 기준 측정치(criterion measure)와 연관되어 있는지—를 살펴봄으로써 그 타당성을 좀더 확신할 수 있게 된다. 예를 들어 우리가 개에 대한 태도 척도를 만들 경우, 개의 소유와 우리 척도에서의 높은 점수 간의 상관 관계가 타당도에 대한 증거를 제공하는 것으로 간주할 것이다.

## 리커트 척도

서스톤 척도의 개발로 커다란 발전이 있었음에도 불구하고, 리커트 척도, 혹은 평정 합산법(method of summated ratings)이라 알려져 있는(Likert, 1932) 이 척도가 더 인기를 얻게 되었다. 그 이유 중 하나는 리커트 척도가 서스톤 척도에 비해 그 제작이 30%까지 더 신속할 수 있으면서도 두 척도가 높은 상관 관계를 보인다는 것이다(Edwards & Kenny, 1946).

리커트 척도는 5점 척도에서 평정되는 일련의 진술들로 이루어져 있다. 앞에서 말했던 서스톤 척도의 예에서의 첫 문항을 리커트 식으로 만들면 다음과 같을 것이다.

1 개는 사람의 가장 친한 친구이다.

| 매우 동의 | 동의 | 미정 | 비동의 | 매우 비동의 |
|---|---|---|---|---|
| 1 | 2 | 3 | 4 | 5 |

많은 학생들이 실제 연구나 프로젝트에서 이러한 리커트식 척도를 자주 사용하게 될 것이다. 그러나 단지 이러한 평정 척도의 방식으로 진술을 제시한다고 해서 리커트 척도가 되는 것은 아니라는 것을 염두에 둘 필요가 있다. 적절한 태도 척도를 제작하기 위해서는 신뢰도와 타당도의 문제를 고려해야 한다.

서스톤 척도와 마찬가지로 리커트 척도도 여러 문항들로 이루어져 있다. 응답자들은 각 문항들에 대하여 동의하는 정도를 평정한다. 리커트 척도에서의 전체 태도 점수는 각각의 문항으로부터 나온 평정치를 모두 합한 것이 된다(그리하여 '평정 합산법' 이라 불리움).

### 리커트 척도 만들기

리커트는 자신의 방법을 고안하면서 두 가지 점을 염두에 두었다. 첫째, 자신의 척도가 단차원적(unidimensional)이어야 한다는 점, 즉 모든 문항들이 같은 것을 측정하고 있어야 한다는 것이고 둘째, 리커트의 척도 제작 방법은 심사원이 필요 없도록 하고자 한다는 점이다. 서스톤 척도 제작에서 편향되지 않은 심사원들이 필요했던 점, 그리고 그것의 어려움에 대하여 내가 말했던 것을 기억할 것이다. 리커트 척도의 제작에서는 비교적 많은 수의 사람들이 자신의 신념과 평가에 따라 평정할 태도 진술들을 처음에 모아 놓은 것만 있으면 된다.

리커트 척도를 제작하는 실제 과정은 비교적 간단한 단계들로 이루어져 있다.

1 애초에 문항들을 많이 모은다. 어떠한 것이 잘 쓰여진 문항인가에 대하여는 서스톤 척도에서와 같은 기준들이 적용된다. 특히, 중립적이거나 너무 극단적인 문항들은 너무 많이 넣지 않는 것이 좋다(Oppenheim, 1992).
2 처음에 만든 태도 진술들의 세트를 척도가 대상으로 하고 있는 표본을 잘 대표하는 100명 정도의 시험 집단에게 실시해 본다. 어떤 척도 제작자들은 이보다 훨씬 많은 응답자들을 사용하기도 한다. 응답자들은 앞에서 기술한 바 있는 5점 척도를 사용하여 처음에 모아놓은 많은 수의 척도 문항들의 각각에 대하여 동의하는 정도를 표시하면 된다.
3 처음에 모았던 많은 수의 문항들을 필요한 만큼의 최종 문항들의 수로 줄이기 위해 이제 **문항 분석**의 과정을 거치게 된다. 문항 분석에는 여러 가지 방법들이 있는데, 아마도 가장 쉽고 많이 사용되는 방법이 문항과 전체 간의 상관 관계를 비교하는 방법일 것이다. 이를 위해 우리는 각 응답자의 초안 척도에서의 전체 점수를 계산하고, 그리고 나서 각 문항에서의 평정과 전체 점수 간의 상관 관계를 살펴본다. 사실 완전히 정확하게 하기 위해서는 각 문항과 전체 점수에서 지금 평가되고 있는 그 문항의 값을 뺀 것 간의 상관 관계를 보아야 하는데, 그 이유는 어떤 문항에 대하여 그것 자체와의 상관 관계를 보는 것은 문항-전체 간의 상관 관계를 분명히 편향시킬 것이기 때문이다. 그러나 실제로는 절차상의 이러한 아주 작은 차이가 문항 분석 결과에 별로 큰 영

향을 주지 않기 때문에 단순히 문항과 전체 간의 상관 관계를 계산하는 것이—특히, 컴퓨터로 계산하지 않을 경우—훨씬 쉽고 신속한 것으로 흔히 간주된다.

위에서 말한 문항 분석 방법이 처음에는 이상해 보일지 모르지만, 우리의 목적이 동일한 것을 측정해 주는 문항들을 얻는 것이었음을 기억한다면 어떻게 문항 분석이 그것을 성취해 주고 있는지 보일 것이다. 상관 계수는 두 변인 간의 일치도를 측정한 것이다. 높은 상관 관계란 전체 척도에서 낮은 점수를 받은 사람들에 의해서는 그 문항이 낮게 평정되며, 높은 점수를 받은 사람에 의해서는 높이 평정된다는 것을 말해 준다. 다시 말해, 그 문항은 척도의 전체 점수에 대한 예언력을 가지며, 따라서 그 척도의 다른 문항들과 동일한 것을 측정하고 있을 가능성이 높다.

이러한 문항 분석을 통해 우리는 우리의 처음 문항 수를 상당히 줄일 수 있다. 이렇게 하여 상당히 높은 내적 일관성을 가진 10에서 20개까지의 문항으로 이루어진 세트가 남게 될 것이며, 그것들은 그만큼 최소한 어떤 기본적인 타당도를 가질 것이다. 신뢰도와 타당도에 대한 보다 자세한 평가는 서스톤 척도에 관한 논의에서 기술된 것과 같은 유형들을 따를 것이다.

4 우리의 척도는 이제 실시될 준비가 되었다. 서스톤 척도와는 달리, 문항들은 원래 주어진 값을 가지지 않으며, 문항들에 대한 동의 정도를 평정한 응답자들이 부여한 값을 가질 뿐이다. 어떤 사람의 태도 점수는 그 사람이 각 척도 문항에 대하여 한 평정들의 합이다. 리커트 척도의 자세한 제작 절차를 알고난 지금에야 당신은 내가 왜 단지 피험

자들에게 진술을 평정하게 한다고 해서 그 평정 척도가 리커트 척도가 되는 것이 아니라고 말하고 있는지 알 수 있을 것이다!

## 태도 척도화의 다른 방법들

연구자들은 아주 창의적으로 여러 가지 태도 척도들을 개발하였다. 당신이 앞으로 접하게 될지 모르는 그 외의 자주 사용되는 접근 방법들로는 사회적 거리 척도들(social distance scales, Bogardus, 1925)과 스케일로그램(Scalogram) 분석(Guttman, 1950)이 있다. 그 각 방법들에 대하여 나는 단지 몇 마디만 언급하겠다. 더 자세한 것은 Oppenheim(1992)의 탁월한 저서를 참고하기 바란다.

사회적 거리 척도는 매우 간단하면서도 반응하기 쉽게 되어 있다. 이것은 흔히 각기 긍정성의 수준이 다른 여러 가능한 대안들을 응답자들에게 제시하고 단순히 어느 것들에 자신이 동의하는지를 표시하게 한다. 예를 들어, 우리가 편견에 대하여 알아 보고자 할 경우, 반응자에게 각기 다른 정도의 친밀도를 가지는 여러 관계들을 제시하고 어느 특정의 사람과 그 각각의 관계를 맺을 용의가 얼마나 있는지를 표시하게 한다. 직장 동료에서부터 같은 클럽의 멤버, 혹은 결혼을 통한 인척 관계가 그 관계들의 예가 될 수 있겠다. 이 척도는 우리가 알고자 하는 태도에 관련하여 반응자들을 간단히 서열화할 수 있게 해주지만, 심리 측정으로서의 그 속성들은 심한 비판을 받았으며, 그 때문에 좀더 일반적으로 사용되지 못하였다. 보다 일반적인 유용성을 가지는 이 척도의 좀더 세련된 버전들이 제안되었다.

스케일로그램(Scalogram) 분석은 복잡한 기법이다. 이 힘든 척도 제작 방법에 의해 얻는 결과물은 순위대로 놓인 문항들의 리스트로 이루어진 검사이다. 응답자들은 자신이 동의하는 모든 문항들에 체크하는데, 그것은 그들이 동의하는 문항들을 어느 지점까지만 모두 체크하고 더 이상은 하지 않아야 함을 의미한다. 이것이 뜻하는 것은 우리가 어떤 사람의 척도에서의 점수를 알 경우, 우리는 그들이 정확히 어느 문항들에 동의했는지를 또한 알 수 있다는 것이다. 이것은 두 사람이 검사에서 정확히 같은 점수를 받더라도 아주 다른 세트의 진술에 동의할 수 있는 서스톤이나 리커트 척도들과는 대조된다. 스케일로그램 척도들은 아주 짧으면서도 태도의 아주 작은 변화까지 재는 데에도 효과적이다.

### 가짜 파이프라인 기법

이 방법은 태도 연구, 특히 인종적 편견에 관한 연구에서 흔히 일어나는 사회적인 바람직성의 영향에 관한 우려 때문에 Jones와 Sigall(1971)에 의해 개발되었다. 사람들(특히 학생 모집단의 경우)은 대학이라는 매우 진보적인 환경에서 소수 인종에 대하여 편견을 가진 관용적이지 못한 사람으로 보여지기를 원치 않는다. 따라서 태도 척도에 대하여 솔직한 반응을 하기보다는 사회적으로 바람직한 반응을 할 수 있다. 이러한 사회적 바람직성의 영향을 피할 수 있는 한 가지 아주 독창적인 방법이 가짜 파이프라인 기법이라 불리우게 되었다. 이 방법의 배후에 있는 기본적인 아이디어는 태도 평가를 받고 있는 사람으로 하여금 자신이 그것을 겉으로 표현하든 않든 간에 연구자가 어떤 식으로 그들의 진짜 태도를 직접 통찰할 수 있다고 믿게 한다는 것이다. 사실은 피험자들의 진짜 태도에 연결되어 있다는 '파이프라인' 이라는 것은 가짜다. 그러나 피험자가 그것이 가능할 수 있다고 믿는다는 사실 자체가 그들이 자신의 태도에 관하여 질문받을 때 정직해지도록 만든다. 어쨌든, 그들은 편견을 가진 사람으로 보이고 싶지 않을 뿐 아니라, 또한 거짓말쟁이나 혹은 자의식이 없는 사람으로 보이고 싶어 하지도 않는다!

지금까지 기술한 바에서 알 수 있듯이, 이 방법은 피험자들로 하여금 연구자가 그들의 진짜 태도를 실제로 알 수 있다고 얼마나 잘 믿도록 할 수 있는가에 완전히 달려 있다. 그들이 이것을 믿도록 하기 위하여, 주로 피험자에게 복잡한 기계 장치를 보여주고, 이것이 거짓말 탐지기와 비슷한 것이라고 말해 준다. 표준 전극을 사용하여 그들을 전선으로 기계에 연결시키고, 불빛이 깜박거리게 하고, 중요한 순간에 기계가 바쁘게 움직이고 있음을 알려 주는 분명한 표시들도 보여준다. 그리고 어떤 간단한 질문들에 대하여 일부러 기계를 속이려고 시험해 보게 하는데, 이 때의 질문들은 앞서 행한 질문지에서 참여자들이 보여준 일부 정보에 근거하여 만들어진다. 이러한 정보를 적어서 실제로 기계를 조작하는 실험 조교에게 몰래 전해 주므로, 참여자의 어떠한 부정직도 기계가 마치 다 알아낼 수 있는 것처럼 보이게 하는 일은 간단하다. 기계를 속이는 일이 불가능하다고 믿게 된 피험자들에게 연구자는 자신이 관심을 가지고 있는 실제 주제에 관한 그들의 태도에 관하여 물을 수 있다.

가짜 파이프라인 기법은 여러 영역에서의 민감할 수 있는 정보, 즉 편견적 태도에서부터 다이어트의 실패, 성적(性的) 행동, 지나친 흡연, 음주, 마약 사용, 그리고 다른 사회적으로 바람직하지 못한 행동들에 이르기까지의 여러 정보들을 드러내도록 하는 데 성공적이었음을 보여주었다(Aguinis et al., 1993; Mulheim et al., 1998; Roese & Jamieson, 1993; Tourangeau et al., 1997).

가짜 파이프라인 기법은 확실히 연구자에게 상당히 많은 노력을 요한다. 그리고 그러한 만큼, 사회적으로 바람직하지 않은 반응이 일어날 확률이 아주 높은 일부 상황들을 제외하고는 그것을 사용하기가 번거롭고 또한 경비가 많이 들 수 있다. 가짜 파이프라인보다 다소 덜 번거로운 그 변형 중 하나는 실제로 반응자를 기계에 연결하지 않고 다만 그들에게 장치를 보여 주고 그것이 나중에 그들의 반응을 체크하기 위해 사용될 수도 있음을 알려 주는 것이다. 이러한 방법은 가짜 파이프라인 기법을 온전히 다 사용하는 것 못지 않게 효과적인 것으로 보인다(Roese & Jamieson, 1993).

이러한 성공에도 불구하고, 가짜 파이프라인 기법은 여러 가지 점에서 신랄히 비판받았는데, 그 한 가지 중요한 결점은 거기에 속임수가 들어간다는 것이다(Aguinis & Handelsman, 1997). 요즈음에는 심리학자들이 아주 부득이한 경우가 아니고는 속임수를 쓰지 않으려고 한다. Sigall(1997)은 여기에서 사용되는 속임수가 다른 심리학 연구에서도 사용될 수 있는 속임수의 정도에 불과하다는 것을 근거로 이를 옹호하였다. 그러나 이러한 속임수는 피험자의 스트레스 수준을 증가시킨다는 점에서 이중으로 바람직하지 못하다. 피험자들이 가능하면 밝히지 않고자 했을 정보를 드러내게 만드는 것이 목적이라는 점에서 볼 때 그들의 스트레스 증가는 거의 불가피하다. 이러한 점을 고려할 때, 이 방법은 사생활을 침해하는 그러한 방법의 이점들을 정당화할 수 있는 경우들만으로 그 유용성이 국한될 수밖에 없다.

## 비형식적 접근 방법들

나는 아주 다양한 방법들을 이 범주에 포함시키는데, 그것들은 주로 여러 감춰진 형태의 자기 보고를 포함하면서도 형식적인 척도화 방법들을 사용하지 않고, 한 개의 태도 점수로 종합될 수 있는 것보다는 좀더 넓은 관점을 흔히 가지고 있다.

이 절에서 나는 여러 가지 조사 도구들, 체크리스트들, 평정 척도들, 일기, 소시오메트리를 포함시켜 각기 그것들에 대하여 차례로 간단히 검토해 보겠다.

## 조사법

조사법(surveys)은 그것 자체가 아주 큰 주제이며, 이 영역에 관하여 많은 책들이 쓰여졌다. 조사법은 일부 다른 사회 과학 영역들에 비하여 심리학의 연구 도구로서는 덜 자주 사용된다. 어느 정당 혹은 다른 정당이 점점 성공을 거두고 있는지 아니면 점차 곤궁에 처하고 있는지를 우리에게 알려주기 위해 흔히 행해지는 여러 가지 여론 조사들로부터 나오는 이러한 형태의 태도 평가에 대하여 우리 모두가 잘 알고 있다. 질문들은 여러 가지 형태를 취할 수 있는데, 객관식(fixed-choice)(여러 개의 정해진 대답들 중 하나의 선택을 요하는)에서 주관식(open-ended)(응답자들로 하여금 자기의 생각을 자신의 말로 표현할 수 있도록 허용하는)까지 여러 가지가 될 수 있다. 물론, 질문이 개방되어 있을수록 그것을 분석하기는 더 어려워진다. 그러나 개방된 질문들은 우리에게 한 개인의 독특한 태도에 관한 보다 풍부하고 상세한 성찰을 제공할 것이다.

## 체크리스트와 평정 척도

체크리스트와 평정 척도는 어떤 조사법의 일부를 구성하고 있는 폐쇄식 질문들(closed-style questions)과 유사하다. 그것들은 결국 같은 것의 변형들이다. 그러나 체크리스트는 응답자들에게 어떤 진술에 대하여 단순히 그에 동의하는지 아닌지 여부를 나타내게 하는 반면, 평정 척도는 동의의 정도를 표시할 수 있게 해준다. 체크리스트와 평정 척도는 흔히 상당히 쉽게 제작될 수 있다. 그러나 그 제작에 얼마나 노력과 주의를 기울였는지가 나중에 그것을 사용해 수집된 자료의 유용성을 결정하는 중요한 요소가 될 것이다. 단어의 사용, 그리고 그것이 특정 대상 집단에 사용하기에 적절한지, 그리고 거기에서 일어날지도 모르는 요구 효과(demand effects)(응답자로 하여금 연구자가 원하는 반응을 하도록 힌트를 주는)를 점검하는 예비 조사 (pilot study)가 많은 문제들을 해소하는 데 도움이 될 수 있다. 체크리스트와 평정 척도가 엄격한 것처럼 보이지만, 그것들은 매우 통제가 안 된 도구가 될 수 있으며, 신뢰도가 낮고, 그 타당도가 의심스러울 수 있다. 아무리 다른 문제가 없다 하더라도 적어도 응답자들이 단지 제시된 대로의 문항들에 대하여 반응하고, 사회적으로 바람직한 반응들, 혹은 적어도 연구자가 바랄 것이라고 생각되는 반응들을 할 수 있다. 반응자가 이 척도의 문항들을 여기에서의 주제에 맞는 유일한(혹은 중요한) 문제라고 생각하는지를 우리는 알 수 없다. 여기에서의 반응들이 행동을 예언해 주는가, 그리고 같은 사람을 재검사할 경우 어느 정도나 동일한 반응을 얻을 수 있을 것인가? 평정 척도에서 우리는 또한 여러 평정들의 의미라는 또 다른 문제에 부딪치게 된다. 우리가 5점 척도를 사용할 경우, 이것이 긍정에서부터 부정까지의 범위를 말하는 것인가, 혹은 연속선상에서의 한쪽 면을 의미하는가? 마찬가지로, 척도상의 여러 점들은 무엇을 의미하는가? 가운데 점은 애매함을 말하는가, 중립적임을 의미하는가, 혹은 그저 그에 대한 태도가 없음을 의미하는가? 우리가 4점 혹은 6점 척도를 사용할 경우에는 중간점이 아예 없다. 이러한 경우, 이 척도는 응답자로 하여금 어느 쪽으로든 결정을 하도록 강요할 것이다. 어느 척도가 각기 다른 응답자들 간에 조금이라도 동일한 의미를 가지려면, 혹은 연구자가 어떤 주어진 점수가 태도에 관하여 무엇을 말해 주고 있는지를 알기 위해서는 이러한 문제들이 명료하게 충분히 숙고되어야 하고 척도에 응답하는 사람들에게도 분명하게 밝혀져야 한다.

## 일기

일기 연구는 몇 시간에서부터 몇 달에 이르는 기간 동안의 응답자의 활동에 대한 종단적 기록을 얻는 데 유용하다—그러한 정기적 기록을 하도록 응답자를 설득할 수 있을 경우. 일기 연구는 기분이나, 임상적 상태, 그리고 사회적 활동(예, Keefe, 2000; Nezlek, 1999)과 같은 것에서의 변화 패턴 같은 것을 알아 보기 위해 정기적으로 사용된다. 이 기법의 재미있는 변형 중 하나는 응답자에게 전화 페이저를 주고, 실험자가 전화할 때마다 일기를 쓰도록 하는 것이다(예, Gauvin et al., 1996). 내 생각에, 그런 전화가 때로는 아주 난감하고 창피한 시간에 올 수도 있을 것 같다!

일기 기법은 태도보다는 행동을 기록하는 데 더 알맞다. 그리고 이 책의 다음 장에서 시사되듯이, 태도와 행동 간에 항상 높은 연관성이 있는 것은 아니다. 일기 연구에는 경비가 많이 들 수 있으며, 응답자가 독립적으로 일기를 쓰기 때문에 때로 그 기록에 영향을 줄 수 있는 여러 가지 외부적 영향들에 대하여 우리가 모를 수 있다.

## 소시오메트리

이와 유사한 기법들이 그보다 먼저 다른 연구자들에 의해 사용되었지만, 보통 Moreno(1953)가 소시오메트리의 창시자로 불리운다. 기본적으로, 소시오메트리는 한 집단 내에서의 대인 태도와 인기도(끌림과 혐오)를 평가하는 방법이다. 여기에서는 흔히 집단 구성원들 중 어떤 기준을 만족시키는 사람의 이름을 말하도록(혹은 그들의 순위를 매기거나 혹은 선호도를 평정하게) 한다. 예를 들어, 학동기 아동들에게 자기 반에서 누가 자신의 친구인지 이름을 말하게 하거나, 혹은 학급 내에서 누구와 같이 놀고 싶은지 순서대로 나열하게 한다. Moreno는 어느 집단 내에서 선택할 수 있는지는 정해져야 하지만(예, 한 학급에 속한 집단), 한 사람이 할 수 있는 선택의 수는 제한되지 않아야 하며, 단지 그 기준에 맞는 집단 구성원의 전체 수에 의해서만 제한된다고 주장하였다. 실제로, 우리가 가급적 제한을 덜 할수록 응답자에게는 그 과제가 더 용이해진다. 사실, 좀더 쉽게 금방 떠오르는 선택일수록 좋은 친구일 가능성이 높으며, 재검사시에 보다 일관성 있게 자발적으로 언급된다는 것을 연구 결과가 보여준다. 또한 보다 최근의 연구에서는 소시오메트리 연구시에 집단 내에서의 긍정적 선택(끌림)뿐 아니라, 혐오도 살펴보아야 한다고 주장한다. 사회적 선택에서의 부정적인 면은 다소 소홀히 다루어지는 경향이 있다. 아마도 그러한 정보를 이끌어 내는 일의 민감함과 그 실제적 어려움 때문일 것이다.

소시오메트리는 어느 특정의 제한된 영역—집단 내에서의 대인 선호도 같은—을 연구하는 데 있어서는 대체로 유용하고 흥미로운 기법이지만, 그 사용 방법에 있어서는 주의가 요구된다. 가장 중요한 것으로, 소시오메트리 질문에서 어떤 것을 물으며, 그것을 어떤 말로 표현하고, 어떻게 묻느냐에 주의하여야 한다. 예를 들어 아동들에게 가장 친한 친구가 누구냐고 물을 경우, 누구랑 가장 많이 노느냐고 물을 경우와는 다른 반응을 일으킬 수 있다. 마찬가지로, 어린 아동들의 경우 그들의 반응을 기억하여 그것을 말하거나 혹은 쓰도록 하는 것보다는 해당되는 것들의 사진을 보여줄 경우, 이 기법에 더 잘 반응할 수 있다.

## 투사적 접근법들

여기에서 나는 전혀 관련이 없어 보이거나 혹은 아주 약간의 관련만 있어 보이는, 혹은 애매한 과제에 대한 반응들로부터 어떤 사람의 태도를 유추하기 위해 사용되는 수많은 다양한 접근 방법들 중 일부에 관해 논하겠다. 이러한 과제들로부터 우리는 어떤 사람의 환상이나 연상들 그리고 그들이 자신의 세계를 해석하는 대체적인 경향에 대한 통찰을 얻을 수 있다. 투사적 검사들은 연구자로 하여금 흔히 태도의 표현을 억제시키는 어떤 장애물들, 즉 사회적으로 바람직하고 이성적인 반응을 하고자 하는 압박감을 피할 수 있게 해줄 수 있다(Livneh & Antonak, 1994). 또한 그것은 반응자가 의식할 수 있는 수준의 밑에 있는 반응들에 접할 수 있게 해줄 수도 있다. 예를 들어, 연구하고자 하는 태도가 민감한 성질의 것, 즉 편견 같은 것으로서 사람들이 자신의 진짜 태도를 드러내고자 하지 않을 경우, 혹은 우리가 보다 깊은 무의식적 수준에서의 태도를 평가하고자 할 때 이러한 방법들은 특히 유용할 수 있다. 이 방법들은 특히 자기-태도, 고정관념, 그리고 편견 같은 것에 관하여 알아 보고자 할 때 특히 적절하며 유용한 조사 도구가 될 수 있다.

투사적 방법들은 대체로 반응자에게 물건을 범주화하거나, 공상, 자유 연상을 하게 하거나 혹은 애매한 자극에 대하여 반응하게 한다. 가장 잘 알려진 투사법들은 일련의 모호한 그림들(주제 통각 검사 혹은 TAT)이나 잉크 무늬들(아주 유명한 로샤 검사)을 보고 그에 관한 이야기를 지어내게 하거나 혹은 그 내용을 해석하게 한다. 그와 비슷한 종류의 다른 방법들은 반응자로 하여금 빈칸이 있는 만화에 대사를 써 넣게 하거나, 미완성인 문장이나 스토리를 채워 넣어 완성하게 하거나(예, '치과에 가면, 나는…'), 이야기에 나오는 인물의 행동을 해석하게 하거나 혹은 꾸며낸 사실들(예, 전체 인구에서 어느 소수 인종이 차지하는 비율 같은)에 대하여 판단을 내리게 한다.

이러한 여러 접근 방법들이 어느 개인의 태도에 대하여 대부분의 형식적 태도 척도에서 알아낼 수 있는 것 이상의 통찰을 가능케 해줄 수도 있지만, 거기에는 대가가 따른다. 바로 그것은 이러한 접근들에는 신뢰도와 객관성이 결여될 수 있다는 것이다. 이러한 방법들은 각기 다른 연구자들이 같은 반응들에 대하여 아주 다른 해석을 내릴 수 있다는 것 때문에 비판받아 왔다.

## 요약

이 장에서는 태도 측정의 문제를 검토해 보았다. 대부분의 방법들은 태도를 어떤 한 연속선상에서 측정할 수 있는 일종의 지속적이고 비교적 불변한 인지적 구조라고 가정하고 있다. 네 가지 주요 접근 방법들이 기술되었는데, 행동의 직접 관찰, 형식적 태도 척도들, 비형식적 접근 방법들, 그리고 투사적 방법이 그것이다. 각 방법은 그것의 개발과 사용, 해석의 난이성에 있어 각기 장단점을 가지고 있는 것으로 나타났다. 이 장 전체에서 반복적으로 나타나는 주제는 태도를 측정하는 여러 가지 방법들의 상대적인 신뢰도와 타당도의 문제—즉, 재검사시에 같은 결과를 가져올 것인가, 그리고 그 검사가 실제로 그것이 측정하고자 하는 것을 재고 있는가—이다. 또 다른 관심사는 측정의 여러 방법들이 측정된 태도의 범위나 성질을 어느 정도로 제한 혹은 결정하는가 하는 것이다.

## 더 읽을거리

Anastasi, A. and Urbina, S. (1997) *Psychological testing*(7th edn). Englewood Cliffs, NJ: Prentice-Hall. 심리 검사와 관련된 모든 것에 대하여 논하고 있다.

Eagly, A. and Chaiken, S. (1993) *The Psychology of attitudes*. Fort Worth, TX: Harcourt Brace Jovanovich. 대학원 수준의 일반 교과서이지만, 제2장은 태도 측정에 할애되었다.

Oppenheim, A. N. (1992) *Questionnaire design, interviewing and attitude measurement*. London: Heinemann. 정평있는 교과서의 최신판. 단편적이고 복잡한 영역에 대한 읽기 쉽고 이해하기 쉬운 입문서이다.

4장

# 태도와 행동



Chapter 4

## 서론

이 책의 첫 장에서 나는 태도 이론 쪽에서의 가장 큰 문제들에 대하여 언급하였는데, 바로 그것은 흔히 태도와 행동 간에 큰 연관이 없다는 점이다. 이것은 중요한 주제이므로 나는 이 장에서 그 두 가지 요소들을 검토하겠다.

첫째, 태도가 우리의 외현적 행동에 반영되는 정도를 살펴보겠다. 그것이 정말 유용한 개념이 되기 위해서는 우리가 그 두 가지 간의 연관을 이해할 필요가 있으나, 그 둘 간의 관계가 간단치 않다는 점은 아주 분명하다. 우리가 태도를 행동적 요소를 가지는 것으로 개념화하든 혹은 단순히 행동을 예언해 주는 것으로 생각하든 간에, 그 둘의 연관을 강화 혹은 약화시킬 수 있으며, 또한 태도에 근거하여 어떤 사람의 행동을 예측할 수 있는 우리들의 능력을 증진시켜 줄 수 있는 요소들을 우리는 이해할 필요가 있다.

이 장에서의 두 번째 주제는 태도와 행동이 밀접히 연관되어 있다는 생각 위에 세워진 것이다. 그러나 다소 다른 관점에서 그것을 검토해 보겠다. 흔히, 설득에 관한 연구들은 태도의 변화에 따라 행동이 어떻게 달라지는지를 살펴본다. 그러나 또한 다른 많은 연구들이 그 반대의 경우—즉, 사람들의 행동이 자신의 태도와 역행될 때 그 행동과 일치시키기 위해 어느 정도까지 자신의 태도를 변화시키는지—를 살펴보았다.

## 태도와 외현적 행동

태도와 행동 간의 연관성은 사회심리학의 아주 초기 때부터 논란이 되어 온 주제이다. 이 주제를 자세히 개관하기 위하여 나는 이 분야의 몇몇 초기 연구들을 살펴보겠다. 그리고 나서 그러한 질문들을 명확히 하는 데에 도움이 되는 좀더 최근의 연구들을 검토해 보겠으며, 또한 그렇게 밝혀진 문제들에 대한 해답들도 제시해 보겠다.

### 라 피에르 연구

이것은 너무나 유명하면서 또한 많은 비판을 받은 연구이다. 수많은 비판에도 불구하고, 세 가지 이유에서 이 연구를 검토해 보는 것이 도움이 될 것이다. 첫째, 1934년에 발표된 이 연구는 태도-행동 간의 연관에 관해 의문을 던진 가장 초기 연구들 중 하나였으며, 따라서 이러한 논의를 시작할 유용한 토대를 제공하고 있다. 둘째, 이 연구에 대한 우리의 비판은 태도-행동의 연관을 설명하기 위해 밝혀져야 할 어떤 방법론적, 그리고 개념적 문제들을 조명할 것이다. 마지막으로, 일부 교과서들을 보면 이 연구가 많이 보고되어 있는데 거기에 나오는 스토리를 되풀이해 이야기하는 가운데 그 자세한 사항은 흔히 불분명하게 나와 있기 때문에 나는 이 연구를 상세히 검토하고자 한다.

이 연구는 1930년에 시작되었는데, 그 때 라 피에르는 어느 젊은 중국인 학생 그리고 그의 아내와 함께 2년 동안 미국 내를 널리 여행하였다. 이 여행 동안에 그들은 67개의 호텔과 자동차 여행자 캠프장, '관광객 홈', 그리고 184개의 식당과 카페를 방문하였다. 그 때가 미국에서는 동양인에 대하여 상당한 편견이 존재하던 시절이었음에도 불구하고, 그들은 단지 딱 한 번 시설이 별로 좋지 못한 자동차 여행자 캠프장에서 숙박을 거부 당했을 뿐이었다. 라 피에르는 그들이 남다른 취급을 받은 경우, 그것은 오히려 대체로 긍정적인 것이었다고 하였다.

여행이 끝나고 6개월 후에 라 피에르가 자신이 방문했던 여러 업소들에게 질문지를 보냈다. 거기에는 '당신의 업소에 중국인을 손님으로 받겠느냐?' 는 중요한 질문도 포함되었다. 그는 81개의 식당과 카페, 그리고 47개의 숙박업소로부터 응답을 받았다. 라 피에르의 보고에 의하면, 92%의 식당들과 91%의 숙박업소에서 그 질문에 '아니요' 라고 답하였다. 한 업소를 제외한 나머지 모든 업소들은 '잘 모르겠음; 상황에 따라 다름' 이라고 대답하였다. 한 자동차 여행자 캠프장 주인만 긍정적인 대답을 하였다. 이 연구의 논의 부분에서 라 피에르는 질문지는 사회적 태도를 잘 반영하지 못하며, 그러한 태도에 대한 평가는 주로 실제의 사회적 상황에서 행동하고 있는 인간에 대한 연구로부터 얻어져야 한다고 결론지었다. 그러나 이 연구는 태도와 행동 간의 밀접하지 못한 관계에 대한 증거로서 보다 자주 인용된다.

### 라 피에르 연구에 대한 비판

이 절의 첫 부분에서 말했듯이, 이 연구는 많은 비판을 받았는데, 태도-행동 논의에 대한 좀더 최근의 연구와 의견을 살펴보기 전에 이들 비판 중 몇 가지에 대하여 간단히 언급하겠다.

아마도 가장 큰 비판은 이 연구에서 사용된 질문지 방식과 관련된 것일 것이다. 첫째, 자신이 그러한 질문지를 받았을 경우 거의 그것 자체가 부정적인 반응을 불러일으킨다고 생각되지 않을 것인지 스스로에게 물어볼 필요가 있다. 사람들이 정말로 단지 모든 사람이 서비스를 받았는지 궁금하여 질문지를 보내겠는가? 분명히 이 질문지는 일반적인 고정관념적 반응에 관하여 알아 보고자 하는 것으로 보인다. 아마도 바로 그것이 라 피에르가 질문지를 회수하려고 그토록 노력했음에도 업소들의 절반 정도밖에 응답하지 않은 이유일지 모른다. 아마도 나머지 업소들은 어느 집단 전체의 사람들을 고정관념화하도록 요구하는 것처럼 보이는 질문지에 답할 의향이 없었던 것이 아닐까?

이 연구의 방법론은 또한 태도와 행동 간의 연관을 보여주는 연구들에서 나타나는 공통된 주제—태도와 행동 각각의 특정성(specificity)의 수준—를 강조하여 보여준다. 여러 업소들에 보내진 질문지는 중국인 일반에 관하여 묻고 있었다. 그것이 어떤 고정관념을 일으키는가? 반대로, 그 여러 업소들을 실제로 이용했던 중국인 부부는 특수하고, 독특한 개인들이었다. '두 사람 모두가 품위 있고, 매력적이었으며, 친해지면 상대방으로부터 금방 호감과 존경을 얻어내었다.' 일반적인 것으로부터 특수한 것을 논하는 것은 위험하다. 편견을 가진 많은 사람들이 흔히 주장하는 것이 자신의 친구 중에 그 편견의 대상이 되는 집단에 속한 사람이 있으므로 자신은 실제로 편견을 가진 사람일 수가 없다는 것이다. 그것은 아주 잘못되고 위험한 논리이다.

물론 위에서 말한 모든 비판들 또한 그 질문지에 응답한 사람들이 라 피에르가 방문했던 여러 업소에서 실제로 손님들을 접하는 사람들이라고 최소한 가정하고 있다. 그러나 식당이나 모텔의 주인 혹은 매니저가 직접 테이블에서 주문을 받거나 혹은 숙박할 손님을 받는 일이 얼마나 자주 있겠는가? 태도는 이 사람에게서 그리고 행동은 다른 사람에게서 평가했을 경우, 그 태도와 행동 간의 관계는 특히 약할 수밖에 없을 것이다!

대체로, 라 피에르의 연구가 사회심리학 교과서들에서 아주 자주 인용된다는 사실에도 불구하고 그것으로부터 얻을 수 있는 결론은 아주 적다. 그러나 그것은 중요한 주제들에 대한 연구들, 그리고 내가 이제 이야기하고자 하는 그 후의 연구들에 중요한 자극이 되었다.

## 태도-행동 관계에 대한 개관

많은 이론가들이 태도와 행동이 밀접하게 관련되어 있다는 생각을 열심히 주장하였음에도 불구하고, 경험적 연구들은 그 관계에 대하여 아주 일관성 없는 결과를 보여주었다. Wicker(1969)는 초기 문헌 개관에서 여러 가지 문제들에 있어서의 태도와 행동 간의 전반적인 관련은 매우 낮다고 결론지었다. 태도 평가에 의해 설명되는 행동의 변화치(variability)는 10%를 거의 넘지 못했다. 좀더 이후에, Hanson(1980)은 46개의 연구들을 살펴 보았는데, 26개의 실험실 연구들 중 18개가 태도와 행동 간의 긍정적 관계를 보고하였음을 발견하였다. 반대로, 20개의 현장 연구들 중 16개가 그러한 관계를 보여주지 못했다. 보다 통제된 상황인 실험실에서 그 관계가 발견될 가능성이 더 높은 것으로 보인다. 이러한 연구들은 단순한 태도-행동 관계란 없으며 거기에는 다른 요인들이 고려되어야 한다는 것을 보여 주었다. 특히 중요한 것은 상황적 조건들, 그리고 특히 그러한 조건들이 가져올 수 있는 상반된 태도들, 그리고 태도와 행동의 측정이 이루어지는 방식이다. 다음에 나오는 절들에서 나는 그것들을 각기 차례대로 살펴보겠다.

## 태도-행동 특정성

연구들이 태도와 행동 간의 일관성 있는 관계를 보여주지 못한 한 가지 이유는 이 개념들이 흔히 각기 다른 특정성(specificity)의 수준에서 측정되었기 때문이다(Ajzen & Fishbein, 1980). 예를 들면 측정된 태도는 태도의 대상인 어느 특정 부류(예, 어느 인종 집단)에 대한 일반적인 평가인 반면에, 측정된 행동은 특수한 것으로서 그 집단에 속한 어떤 특정의 사람에 대한 것이거나, 혹은 특정한 맥락이나 사회적 상황에서의 행동일 수 있는 것이다. 행동은 항상 특정한 것인 반면에, 태도는 흔히 아주 일반적인 수준에서 측정된다. 따라서 흔히 그 둘 간의 연관이 미약해 보이는 것은 그리 놀라운 일이 아니다. 그러나 특수한 행동과 태도 간의 관계에 또한 영향을 줄 수 있는 다른 부가적 요인들도 고려되어야 한다. 그것이 바로 내가 다음에 이야기하고자 하는 개인적, 그리고 상황적 요인들이다.

## 개인적, 그리고 상황적 조건들

내가 앞서 언급한 태도-행동 간의 관계에 대한 두 가지 개관들 모두가 태도라는 것이 완전히 별개로 존재하는 것이 아님을 강조하였다. 태도의 표현은 다른 여러 가지 요인들에 의해 영향을 받는다. 최소한 우리는 태도가 어떤 한 체계 내에 존재함을 인정해야 한다. 그렇다면 거기에는 서로 경쟁하는 여러 태도들이 있을 것이며 따라서 주어진 어떤 상황에서 표현될 수 있는 여러 대안적 행동들이 있을 것이다. 예를 들어 라 피에르의 연구를 보자. 아마도 그 동양인 부부가 방문했던 여러 업소들에서 받았던 긍정적인 대우는 태도와 행동 간의 미약한 연관을 반영하는 것이었거나, 혹은 사람을 직접 대면한 경우에서의 보다 우세한 태도는 상대를 정중히 대하고 문제를 일으키지 않는 것이었기 때문일지 모른다. 만약 그 때 그것이 지배적인 태도였다면 업소 종업원들의 행동은 당시의 우세한 태도와 완벽하게 조화를 이룬다.

경쟁적 태도들이라는 개념은 태도의 행동적 표현에 있어서의 상황적 요인들의 효과라는 문제를 또한 제기한다. 내가 제시한 예에서 자명하게 보였듯이, 특정한 상황들이 이 태도보다는 저 태도를 보다 잘 일으킬 가능성이 있으며, 때로는 어떤 태도들이 행동적으로 표현되지 않도록 뚜렷이 억제해 주는 효과를 가질 수도 있다.

Hanson(1980)이 현장 연구보다 실험실 연구에서 태도와 행동 간에 더 높은 상관이 있다고 보고하였는데, 아마도 그 이유 중 하나는 심리 실험실의 경우에 경쟁적 태도들 혹은 억제적 상황 요인들의 수가 더 적을 가능성이 높기 때문이었을 것이다. 이러한 것들을 고려해보면, 왜 많은 연구들이 태도-행동 간의 연관을 논할 때 실제 행동보다는 행동 의도(behavioural intentions)를 더 선호하는지 알 수 있다. 그것은 행동 의도와 그것을 행동으로 표현하기까지의 사이에서 일어날 수 있는 수많은 돌발적이고 우연한 개인적, 상황적 요인들에 의해 왜곡될 가능성이 적은 행동 측정치이다. 내가 설득력 있는 광고를 보고 나서 신제품인 초성능 바이오 분말 비누를 사고 싶은 의도가 생겼다. 그러나 돈이 없거나, 동네 가게에 그 제품이 없거나, 그것을 사러갈 시간이 없다는 사실이 모두 나의 행동 의도에 장애가 될 수 있다. 그러나 그렇다고 해서 행동 의도라는 것이 전혀 무의미해지는 것은 아니다.

### 조정 변인들

여러 변인들이 태도-행동의 연관의 강도를 조정(moderating)할 수 있다. 첫째, 태도 대상에 대한 우리들의 직접 경험이다. 직접 경험을 통해 획득된 태도는 행동과 강한 연관을 가지게 된다(Fazio & Zanna, 1981). 예를 들어 우리가 광고를 보고 어떤 상품에 대하여 호의적인 태도를 가질 수도 있지만, 우리가 직접 그것을 사용해 보았을 경우에 실제로 그것을 구입할 가능성이 더 높아질 수 있다(Krishnan & Smith, 1998).

또한 사람들은 태도를 행동으로 옮기는 일에 자신의 이익이 달려 있는 경우, 태도를 행동으로 실행할 가능성이 높다(Crano, 1997). 대학에서 모든 과목에 중간 고사 제도를 도입할 것이라고 발표할 경우, 당연히 학생들로부터 일반적으로 부정적 반응을 얻을 것이다. 그러나 그 제도를 내년까지는 실시하지 않겠다고 한다면, 내년 이후에도 남아 있을 학생들이 거기에 반대하여 어떤 형태의 행동을 취하는 데 가장 적극적일 가능성이 아주 높다.

이러한 결과들을 설명할 수 있는 한 가지 방법이 태도의 접근 용이성(attitude accessibility, Fazio, 1989)—우리가 기억으로부터 얼마나 쉽게 태도들을 기억해내고 태도 대상에 대한 평가를 적용할 수 있는가—이다. 우리가 어떤 문제에 대하여 관심이 많거나, 어떤 태도 대상에 대한 직접 경험을 가지고 있을 경우, 그 태도는 또렷이 쉽게 기억날 것이며, 우리의 행동에 영향을 주고, 그리고 우리로 하여금 그 주제에 대하여 설득하고자 하는 어떠한 시도에 대하여도 유심히 주의를 기울이게 할 가능성이 높다(Fabrigar et al., 1998). 불행히도 접근 용이성이 높은 태도가 때로는 너무 쉽게 떠올라 버리는 바람에 우리로 하여금 태도 대상에 일어난 변화를 간과하고, 대신 익숙하고 기대된 것만 보게 만든다(Fazio et al., 2000). 호감이나 매력 같은 대인 태도는 접근 용이성이 아주 높은데, 아마도 그것이 왜 많은 부부들이 자신의 배우자가 더 이상 자기를 눈여겨 보지 않거나 혹은 최소한 자기의 달라진 점이나 변화도 알아차리지 못한다며 불평하는지 적어도 부분적으로는 설명해 줄 수 있을 것이다.

## 행동과 태도 변화

우리의 기존 태도가 어떻게 행동을 예측해 주며 또한 어떻게 행동에 영향을 줄 수 있는지를 검토해 보았으니, 이제는 태도와 상반된 행동의 결과에 대하여 생각해 보도록 하자. 이것은 인지 조화 이론들이라고 알려진 많은 인지 이론들의 주요 관심 거리가 되어 왔다. 이러한 이론들은 우리가 일반적으로 우리 태도 체계의 여러 요소들 간에, 그리고 태도와 행동 간에 균형 혹은 일관성을 유지하고자 한다는 주장이다. 불균형이 일어날 경우 우리는 불편함과 스트레스를 느낀다.

그 중의 한 가지 이론인 인지 부조화 이론은 우리가 어떻게 우리의 태도와 행동 간의 차이를 조화시키는지를 설명하는 데 주요한 영향을 주었다. 특히, 태도와 상반된 행동이 실제로 어떻게 태도의 변화를 가져오는지를 설명한다. 이 이론은 이러한 과정의 성질을 밝혀주는 방대하고 복잡한 연구 문헌들을 낳았는데, 그것은 나중에 살펴보겠다. 이 장의 나머지 부분에서는 인지 부조화에 대한 기본 이론, 그에 대한 비판들, 대안 이론들 및 최근의 발전에 대하여 검토하겠다.

## 인지 부조화 이론

인지 부조화 이론은 처음에 Leon Festinger(1957)에 의해 제안되었다. 인지 부조화 이론에 의하면, 우리의 태도 체계의 요소들은 조화로울 수도, 부조화로울 수도 혹은 서로 상관이 없을 수도 있다. 한 가지가 다른 것에 수반되어 일어날 때 두 요소가 조화롭다고 한다. 즉, 우리가 어느 전국 정당을 지지할 경우 전국 선거에서 그 당을 찍는다. 반면에, 한 가지가 다른 것의 반대되는 것을 전제할 경우 부조화라고 한다. 우리가 어떤 전국 정당을 지지하면서도, 투표는 전략적으로 하여 전국 선거에서 다른 당을 찍는다. 요소들이라는 것이 전혀 중요해 보이지 않는 상황의 경우로는, 우리가 어느 전국 정당을 지지함에도 불구하고 지방 선거시에 후보의 소속 정당과는 상관없이 순전히 그 사람의 개인적 특성과 과거의 행적에 따라 투표하는 것을 그 예로 들 수 있겠다. 위에 든 예에서 내가 태도와 행동에 관하여 이야기하고 있는 것 같음을 알아차렸을 것이다. 사실, Festinger의 원래 이론에서는 어떠한 것이든 두 가지 인지들의 조화 혹은 부조화에 관한 것이었지만, 인지 부조화 이론에 관한 거의 모든 연구들에서는 행동에 대한 태도를 그 요소의 하나로 다루었다는 점에 주목할 필요가 있겠다.

인지 부조화 이론은 우리가 우리의 태도와 일치되지 않게 행동할 경우 거북함과 스트레스를 주는 인지적 갈등을 경험하게 된다고 주장한다. 그 거북함의 정도는 조화로운 인지와 부조화로운 인지들의 상대적인 숫자, 그리고 각기 그것들이 그 사람에게 얼마나 중요한가에 따라 달라진다. 예를 들어, 당신이 수강 과목을 선택할 경우, 아주 재미있지만 졸업 후 취업하고자 할 때에 유용하지 못할 과목과 좀 재미없고 공부해야 할 양도 많아서 당신의 친구들은 택하지 않을 테지만 나중에 졸업 후 직업을 구할 때에 유리할(즉, 고용주가 될 사람들로부터 좋게 평가받을 수 있는) 과목 사이에서 선택을 해야 한다. 그 두 가지 대안들은 각기 다른 수의 긍정적, 부정적인 인지들을 가질 것이며, 그 각 인지들은 그 사람에게 갖는 중요도에 있어 각기 다를 것이다. 당신이 어느 것을 택하든 당신은 부조화를 경험하게 될 것이다. 그러나 만약 당신이 그 모든 긍정적인 면들은 가지고 있으면서 다른 선택의 부정적인 면들을 하나도 갖고 있지 않은 과목을 선택할 수 있다면 당신은 부조화를 전혀 혹은 거의 느끼지 않을 것이다. 아마도 세 번째 과목은 재미있고, 공부의 양도 아주 많지 않으면서, 당신의 친구들도 그것을 선택할 것이고, 취업시에 유용할 가능성도 있을 수 있다.

인지 부조화 이론의 주요 포인트는 부조화란 거북한 것이며, 따라서 그 사람은 조화의 상태를 회복시키고자 한다는 것이다. Festinger는 태도와 행동 간의 일치를 회복시키기 위해 사람들이 사용할 수 있는 세 가지 주요 방법을 제안하였다. 첫째, 태도와 행동이라는 두 가지 부조화 요소들 중 하나를 바꿀 수 있다. 흔히, 행동보다는 태도를 바꾸기가 더 쉽다. 따라서 이러한 경우에 행동과 일치시키기 위해 태도가 바뀌는 것을 우리는 볼 수 있다. 둘째, 당신의 행위를 지지해 주는 정보, 그리하여 태도를 행동에 일치시켜 주는 정보를 찾고자 한다. 예를 들어 자동차를 사는 사람들이 흔히 차를 구입하기 전보다는 구입한 후에 자기가 산 차종에 관한 광고에 더 관심을 기울이는 것 같다. 그들이 어렵게 결정을 해야 했을 경우, 그들의 구입 결정을 정당화해 줄 정보를 찾는다. 마지막으로, 단순히 태도의 중요성을 낮춰버림으로써 부조화를 감소시킬 수 있다. 결국 차는 그냥 가족 사용의 목적을 위한 것이고 이 곳에서 저 곳으로 운반해 주는 수단에 불과하다고 생각해버리는 것이다. 당신 자신을 이렇게 설득할 수만 있다면, 당신은 스포츠카가 아닌, 작은 해치백이 있는 자동차를 구입한 후에도 아마 부조화를 덜 느낄 것이다!

좀더 최근의 연구 또한 인지 부조화를 감소시킬 수 있는, 혹은 최소한 그것과 관련된 거북함을 없앨 수 있는 여러 가지 간접적인 방법들을 제시하고 있다. 단순히 자기가 느끼는 거북함을 표현해버림으로써 그것을 감소시킬 수 있다(Pyszczynski et al., 1993). 또한 우리는 부조화스러운 행동에 대해 자꾸 생각하기보다는 우리 자신이나 우리 행동의 다른 긍정적인 면들을 강조하고 거기에 집중하고자 하거나(Lydon & Zanna, 1990), 혹은 술이나 음식, 스포츠 활동 같은 것에서 즐거움을 얻고 기분 전환을 하고자 한다(Steele et al., 1981).

인지 부조화 이론은 모호하고 어떤 부분은 검증이 불가능하다는 비판을 받았음에도 불구하고 수많은 연구를 자극하였는데, 아마 사회심리학의 어느 이론보다도 더 많은 연구를 낳았을 것이다. 그 연구들, 그리고 기본적 이론이 그 후 어떻게 수정되었는지 이제 살펴보겠다.

## $20/$1 실험

Festinger와 Carlsmith(1959)의 아주 유명한 연구 하나가 인지 부조화의 기본적인 현상과 이 분야의 초기 연구들의 스타일을 보여줄 것이다. 이 실험에 모집된 피험자들은 그것이 '수행의 측정'에 관한 실험 연구라고 알고 있었다. 이 실험에서 피험자들에게 두 가지 아주 지루하고 하찮은 과제들을 각각 30분씩 수행하게 하였다. 첫 번째 과제는 12개의 실패들을 쟁반 위에 올려 놓았다가 다시 내려 놓는 일을 30분 동안 반복하는 것이었다. 두 번째 과제는 48개의 네모난 나무못을 판 위에서 시계 방향으로 매번 90도씩 돌려놓는 일로서 이것 또한 30분 동안 반복하게 하였다. 피험자들은 모르고 있었지만, 진짜 실험은 이같이 지극히 지루한 과제를 한 시간 동안 하고 난 후에야 시작되었다. 피험자들에게 이 실험이 사실은 기대가 과제 수행에 미치는 효과에 관한 연구였는데, 그들은 통제 조건에 속하여 거기에서는 아무런 사전 기대가 형성되지 않았다고 알려 주었다. 피험자들의 삼분의 일—실험 조건의 피험자들과 비교될 통제 조건—은 실험 후 인터뷰를 하기 전에 그냥 비서의 사무실에서 몇 분간 기다렸다.

실험 조건에 속한 나머지 삼분의 이의 피험자들에게는 실험자의 연구 조교가 오지 않았다고 알리고, 잠시 그 역할을 대신 해주면 일정량의 돈을 지불하겠다고 말하였다. 그들이 해야 할 일은 다음 피험자(사실은 실험 보조자)에게 실험이 아주 재미있고 즐거운 것이라고 믿게 하는 것이었다. 그렇게 해주는 대가로 피험자는 보통 $1을 받거나, 혹은 그보다 훨씬 많은 액수인 $20을 받았다. 이것이 지금은 그리 많은 것처럼 들리지 않지만 그 때의 $20은 지금의 영국 돈 60파운드에 해당된다. 물론 이것이 사실은 이중으로 속이는 것(윤리적으로 고려해 봐야 할 문제!)에 불과하고, 실제 관심사는 설득을 받는, 다음 피험자에게 있는 것이 아니라 태도와 상반되는 행동(실험이 지겹고 전혀 재미없다는 것을 알면서도 즐겁고 재미있다고 말하는 것)에 대한 금전적 대가의 수준이 그 연구에 대한 피험자들 자신의 평가에 영향을 주는지 여부였다.

실험에 참여한 후에 모든 조건의 피험자들을 그들이 방금 한 실험과는 아무런 상관이 없는 사람이 현재 과에서 지원하고 있는 최근 연구들에 관하여 과에서 검토하는 것이라는 명목으로 인터뷰를 하였다. 피험자들은 그들이 참여한 연구에 관하여 여러 가지 질문을 받았는데, 그것이 얼마나 즐겁고 재미있었는지도 거기에 포함되었다.

이러한 실험적 조작을 한 이유가 무엇이었는가? 기본적으로, 통제 조건의 피험자들과 돈을 많이 받은 피험자들은 부조화 효과를 전혀 경험하지 않았어야 한다. 통제 조건의 피험자들은 새로운 피험자들을 오도하지 않았으며, $20 조건의 피험자들은 자신의 행동을 정당화해 줄 상당한 양의 돈을 받았다(공교롭게도, 실험 조건의 피험자들은 나중에 그 돈을 다시 돌려 주어야 했지만). 이 두 조건의 피험자들은 정말로 이 연구를 지루한 것으로 평가하였다. 반대로, $1을 받은 피험자들은 자신의 태도와 상반되는 행동에 대한 그런 용이한 외적 정당화도 혹은 설명도 갖지 못하였다. 따라서 보다 높은 수준의 인지 부조화를 경험할 것으로 기대될 수 있다.

실제로 $1 조건의 피험자들은 다른 조건의 피험자들보다 실험이 재미있었다고 보고하였다. 유도된 태도 상반적 행동(induced counter-attitudinal behavior)이 태도의 변화를 가져올 수 있다는 것은 그 후의 여러 연구에서 되풀이되었다. 그러나 그러한 변화에 대한 설명에 있어서는 상당한 이론적 논란이 있었다. 그 후의 많은 연구들은 그러한 현상에 대한 대안적인 이론적 설명들을 제공하고 인지 부조화 이론 자체를 정교화시켰다.

유도된 추종(induced compliance)에 따라 일어나는 태도 변화에 관한 연구들은 실제 생활에서의 그 수많은 비슷한 예들을 보여준다. 숙제를 하고, 학교에서 공부를 더 잘 하도록 아이에게 돈을 주는 부모들의 행동은 무엇을 뜻하나? 이것이 아이들이 좋아하지 않는 과제를 하도록 하는 비교적 작은 보상이라면 그것이 아이들에게 장기적으로 그 과제에 대한 좀더 긍정적인 태도를 형성할 수도 있다. 그러나 과제에 대한 애초의 그들의 태도가 중요하다. 그들이 그 과제를 이미 좋아하고 있다면, 그 과제 수행에 대하여 보상을 주는 것이 부조화를 일으키지 않을 것이며, 오히려 그것이 과잉-정당화의 효과를 가져올 수 있다. 즉 아이들이 자신의 행동을 자기가 받은 보상에 귀인시키고 모든 내적 동기나 흥미를 평가절하할 수 있다. 이것은 부모가 의도한 것과는 완전히 정반대이다!

마찬가지로 부조화 이론은 아이에게서 바람직하지 못한 행동을 감소시키고자 하는 부모들—예를 들어, 부모가 아이로 하여금 어떤 행동을 하지 못하도록 하고자 할 경우—에게도 중요한 의미를 가진다. 부모가 위험할 수 있다고 생각하는 물건을 아이가 사용할 경우, 아이에게 어른의 감독이 있을 경우 외에는 그 물건을 사용하지 말라는 지시를 준다. 이 때 부모가 그 금지 사항을 부드럽게 설명해 주는 것과 혹은 그것을 어길 경우에 대하여 심하게 겁을 주고 제재를 가하는 것이 차이를 가져 오는가? 당신이 이것을 인지 부조화적 입장에서 생각해 볼 경우, 이러한 각기 다른 훈육 방법들로부터 아주 다른 결과가 나올 수 있다는 것을 보게 될 것이다. 그 물건을 사용하지 말도록 부드럽게 금지 당한 경우, 아이들은 거기에 복종하는 것에 대한 외적 환경으로부터의 어떠한 설명도 갖지 못한다. 따라서 그들은 자신들이 그 금지에 복종하고, 자신들이 하고 싶어하는 일을 별 뚜렷한 이유 없이 하지 않고 있다는 사실에서 갈등을 느낀다. 따라서 그들은 그 행동에 대하여 어차피 그다지 관심이 없노라고 태도를 바꿀 수 있다. 그것이 왜 그들이 금지된 것을 하지 않는지 설명해 줄 것이다. 반대로, 아이를 복종시키기 위해 엄한 명령과 처벌을 내리는 부모의 경우, 복종하게 할 수 있을지는 모르지만 아이가 금지된 행동에 대한 태도를 바꿀 이유는 거의 없다. 아이는 자신의 행동을 처벌을 피하기 위한 수단으로 아주 이성적으로 간단하게 설명할 수 있다. 보다 장기적으로 볼 때, 이 아이가 그 행동에 대한 유혹을 항상 뿌리칠 수 있을까? 대체로, 부조화 이론은 장기적 그리고 실제적인 면에서 볼 때 아이에게 책임을 지우는 통제 방법들이 외적으로 통제를 가하는 방법보다 효과적임을 시사해 주는 것으로 보인다. 전자의 방법은 마음을 얻는 것이고, 후자의 것은 그저 마지못해 하게 만드는 것으로서 그것은 단지 일시적인 복종에 불과할 수 있다.

## 기본 부조화 이론에 대한 수정

이 이론이 처음 시작된 이래, 부조화 이론의 원래 구조는 좀더 복잡한 형태로 발전되었다. 이 절에서는 원래의 이론을 보다 명확히 하고 정교화한 것들 중 주요한 몇 가지를 살펴보겠다.

### 의지와 개입의 역할

인지 부조화 이론에 대한 두 가지의 초기 수정은 Brehm과 Cohen(1962)에 의해 이루어졌다. 그들이 일련의 경험적 연구들을 통하여 주장하고 그 증거를 제시한 것은, 결정을 하고 난 다음에 부조화가 일어나기 위해서는 그 사람이 자신의 자유 의지로 결정하였다고 지각해야 하며, 그 결정에 대한 심리적 개입의 요소가 있어야 한다는 것이었다.

의지(volition)라는 점에서 본다면, 우리는 Festinger와 Carlsmith(pp. 95-97의 참조)의 연구에서, 만약 피험자가 실험이 얼마나 즐거웠는지 다음 피험자(실험의 공모자)에게 거짓말을 하도록 그냥 명령을 받았다면 아무런 부조화 효과도 일어나지 않았을 것이라는 것을 쉽게 상상할 수 있다. 최근의 한 흥미로운 연구 또한 이러한 요인이 일상 생활에서 가지는 의미들 중 일부를 강조해 보여주고 있다. 많은 소수 인종 집단들이 자신들을 업신여기는 것으로 여겨지는 농담들에 대하여 항의하는데, 그에 대해 흔히 하는 반응이란 그 농담들이 악의 없는 것이라고 하는 것이다. 그러나 부조화 이론에 의하면(그리고 이것은 경험적 연구들에 의해 뒷받침되었다), 당신이 그런 농담을 자유롭게 선택할 경우 아마도 그것이 그 소수 인종 집단에 대한 당신의 태도에 영향을 줄 것이며, 당신의 태도는 보다 부정적으로 될 수 있다는 것이다(Hobden & Olson, 1994).

개입(commitment)이란 결정이나 행위의 번복 가능성(reversibility)과 관련된다. 우리가 가게에서 두 가지 상품 중에서 선택할 때, 마음이 변하거나 그것이 적합하지 않다고 결정하여 나중에 그 물건을 환불할 수 있다는 사실을 알 경우에는 우리가 부조화를 경험할 가능성이 훨씬 적다. 우리가 결정한 것을 고수하기 위하여 우리는 흔히 공적인 개입을 사용한다. 다이어트를 하거나 담배를 끊는 것 같은 새해의 결심들을 사람들 앞에서 공표할 경우, 그것을 지키기가 더 쉬울 것이라고 사람들은 흔히 믿는다. 그리고 그러한 생각에 어느 정도 일리가 있다. 예를 들어, 백인 피험자들에게 친소수 민족적인 글을 쓰게끔 유도하고 그것을 공적으로 알릴 경우, 그것이 피험자 자신의 소수 민족 집단에 대한 태도를 보다 우호적으로 만들었으며, 특히 그들이 애초에 가졌던 태도에 양면적인 요소가 있었을 경우 더욱 그러했다는 것을 제시해 주는 연구 결과가 있다(Leippe & Eisenstadt, 1994).

### 자존감

Aronson(1968)을 비롯하여 많은 연구자들이 부조화 효과에 있어서의 자존감(self-esteem)의 중요성을 강조하였다(예, Steele, 1988). 여기에서의 기본적인 생각은 자존감이 높은 사람들은 자기가 자신의 삶에서 비교적 높은 수준의 통제력을 가지고 있는 것으로 생각하며, 따라서 상당히 높은 수준의 인지적 일관성을 유지할 수 있다는 것이다. 그 결과, 태도와 상반된 행동을 하는 것은 이러한 지각을 위협하며 부조화의 정서를 일으킨다. 이것이 그 사람으로 하여금 부조화를 감소시키고, 조화의 상태를 복원하며, 자신과 자신의 능력에 대한 애초의 신념들을 재확인하고자 하기 위하여 내가 앞에서 언급한 것과 같은 기제들을 사용하게 된다(Prislin & Pool, 1996). 그 반대의 경우 또한 사실이다. 즉, 자존감이 낮은 사람들은 자신들이 일관성 없는 일들을 할 것이며, 자신들이 스스로의 운명의 주인이 아니라고 아마도 생각할 것이다. 따라서 태도와 상반되는 행동이 설명되어야 할 필요가 없다. 이것은 단지 그들이 자신에 대해 가지고 있는 낮은 기대와 자기 지각의 또 다른 면에 불과하다. 그들이 태도와 상반되는 행동을 하게 될 때 부조화를 경험할 가능성은 적다.

## 자기 지각 이론

앞에 나온 인지 부조화 이론에 대한 설명을 읽으면서 당신에게 이런 생각이 떠올랐을지 모른다. 즉 이 이론이 인지적 구조와 과정에 관한 것이긴 하지만, 이것들은 유추된 것이며 단지 가설적인 개념들에 불과하다는 점이다. 이러한 생각을 할 때, 태도에 상반되는 행동들을 설명할 수 있기 위하여 우리가 정말로 이러한 유추들을 할 필요가 있었는지를 이내 묻게 된다. 자기 지각 이론(Bem, 1968)의 옹호자들은 분명히 그러한 유추적 도약이 필요치 않다고 주장할 것이다. 여러 해 동안 이 이론은 부조화 이론 쪽을 정말 괴롭혔는데, 두 이론 중 어느 것이 더 옳은지를 분명하게 보여주는 실험을 디자인하기란 지극히 어렵다는 것이 증명되었다.

제1장에 나왔던 태도에 대한 Bem의 기본적 입장을 아마 기억할 것이다. 그의 기본 주장은 사람들의 태도 진술이 최소한 부분적으로는 그들 자신의 행동과 그것이 일어나는 맥락에 대한 스스로의 관찰을 반영하는 것이며, 그것은 다른 사람들이 우리의 행동을 관찰하여 태도를 유추하는 것과 거의 같은 방법이라는 것이다. 사람들이 자신들의 행동과 그것이 일어나는 환경적 맥락을 관찰할 수 있고 또한 실제로 그렇게 하며, 그것을 태도와 정서적 상태를 유추하는 근거로 사용한다는 것을 보여주는 증거들이 있다. Schachter와 Singer(1962)의 연구가 그것의 아주 유명한 예이다. 설명되지 않은 생리적 각성(arousal)의 조건들에서, 피험자들은 자신의 생리적 상태를 설명하고 거기에 명칭을 붙이기 위하여 환경적 단서들과 다른 사람들의 행동에 주목하였다. 이것은 정서의 2요인 이론이라 불리워져 온 것으로서, 정서가 생물학적 그리고 사회적 요소 두 가지 모두를 가지고 있음을 강조한다. 이러한 생각은 중요한 의미들을 함축하는 것으로서, 그 중 일부는 실험적으로 증명되었다. 예로서, 이 이론은 열정적 사랑의 특성을 설명하기 위해 적용되었다. 우리가 때로 위험을 느낄 때 사랑에 빠지는 것은 우리의 고조된 각성의 원인을 다른 어떤 사람의 존재 때문인 것으로 잘못 귀인한 결과일지도 모른다(Hatfield & Rapson, 1996). 아마도 롤러 코스터 주인들은 이렇게 선전하면 좋으리라. 당신의 데이트 상대가 당신과 사랑에 빠지게 만들고 싶다면 함께 롤러 코스터 타러 가라고! 마찬가지로, 공포 반응은 그 두려움의 대상이 아닌 다른 것으로부터 그들의 생리적 각성이 일어나는 것으로 그것을 명명해버리거나, 혹은 자극에 대한 생리적 반응을 실제보다 낮게 보여줄 경우 감소될 수도 있다. 개인적 그리고 행동적 문제들의 원인들에 대한 재귀인을 학습하는 것 또한 많은 인지-행동적 요법의 중요한 부

분을 이루고 있다(예, Cheung, 1996).

$20/$1 실험 같은 인지 부조화 실험들의 경우, 우리가 지루하고 재미없는 실험 경험에 대하여 다음 피험자에게 좋게 말하고 있는 자신을 관찰할 때, 그리고 그러한 행동을 설명해 줄 많은 양의 돈이나 혹은 다른 외적 정당화를 갖지 못할 때, 아마도 우리는 우리가 그것을 어느 정도는 정말로 좋아했다고 유추할지 모른다. 유사한 방법으로, 자기 지각 이론은 인지 부조화 이론에 대한 의지와 개입이라는 수정안 또한 설명할 수 있다. 우리의 행위에 대하여 선택의 여지가 없다고 우리가 느낄 때, 그리고 우리의 행동이 어떤 번복할 수 없는 개입을 의미하는 것이 아닐 경우, 우리는 우리의 기존 태도를 바꿀 필요가 없다. 이 때 행동은 돈이나 선택에 대하여 전혀 다른 태도를 반영할 것이다.

## 부조화와 생리적 각성

인지 부조화 이론과 자기 지각 이론의 상대적인 장점들을 밝혀 내고자 수많은 독창적이고 복잡한 실험들이 이루어졌으나, 수년 동안 그 결과들은 대체로 결론이 확실치 않은 채로 남아 있었다. 결국은 이론가들이 이러한 교착 상태로부터 빠져 나올 방법을 제시하였는데, 그것은 부조화가 거북함을 일으킨다는 Festinger의 생각은 이 과정에 개입된 생리적 각성을 의미하는 것으로 취급하는 것이었다. 이것이 연구의 새로운 영역들을 열어 주었다. 인지 부조화 효과가 일어나기 위해서는 (생리적) 각성이 필요한가? 만약 그렇다면, 이것은 인지 부조화 이론을 지지하게 될 것이다. 만약 그렇지 않다면 이것은 자기 지각 이론을 지지해 줄 것이다.

요컨대, 자기 지각 이론과 부조화 이론 간의 주요한 이론적 차이는, 부조화 이론의 경우 우리의 태도와 상반되는 행동을 하는 것과 연관된 어떤 심리학적 거북함과 생리적 각성이 있다고 주장한다는 점이다. 연구는 대체로 부조화가 생리적 각성(Croyle & Cooper, 1983), 그리고 거북함의 감정(Elliot & Devine, 1994)과 연관이 있다고 확인해 주었다. 각성을 증감시키는 약물 또한 그에 따라 부조화 효과를 증감시킴을 보여주었다(Cooper et al., 1978; Steele et al., 1981).

물론 우리가 태도와 상반되는 모든 사소한 결정에 대하여 고심하지는 않는다. 따라서 어떤 상황들의 경우, 어떻게 행동이 태도의 변화를 가져올 수 있는지를 설명함에 있어 아직도 자기 지각 이론이 설 자리는 있다. 그 사람에게 그다지 중요하지 않은 태도의 경우에는, 태도와 상반된 행동에 대하여 생리적 각성이나 거북함을 느끼지 않을 수 있다. 내가 슈퍼마켓에서 저 사과가 아닌 이 사과를 골랐을 때 그 결정에 대해 그다지 큰 갈등을 느끼지 않을 것이 거의 확실하다. 이러한 별로 중요치 않은 상황들의 경우에 우리는 그냥 우리의 행동을 관찰하고, 적절한 유추를 하고, 거기에 따라 우리의 태도를 수정할지 모른다. 대체로, 자기 지각 이론과 인지 부조화 이론은, 어떤 사람에게 있어 그 정서적, 감정적 중요성이 각기 다른 태도 상반적 행동들의 결과로 일어나는 태도 변화에 대한 상호 보완적 설명들이라고 보는 것이 타당할 것이다.

자기 지각 이론이 부조화 이론보다 확실히 우세해 보이는 한 가지 영역이 있는데, 과잉-정당화에 대한 설명이 그것이다. 우리는 이미 이 장의 앞 부분에서 이 효과에 대하여 언급하였는데, 그것은 어떤 사람이 이미 좋아하고 있는 일을 하는 것에 대하여 보상을 받는 경우를 말한다. 이 경우 부조화는 분명히 없다. 그러나 사람들은 자기가 어차피 좋아하는 일에 대하여 보상을 받는다는 것에 관해 모순되게 느낀다. 이러한 모순을 합리화하는 한 가지 방법은 그들이 자신들의 행동의 맥락을 관찰하고 그에 따라 태도를 수정하는 것이다. 아마도 그들이 애초에 생각했던 것만큼 그 일을 좋아하는 것은 아닐지 모른다고 생각하는 것이다. 그 결과, 그 일에 대하여 좀더 부정적으로 평가하게 된다(Freedman et al., 1992).

## 요약

이 장에서는 두 가지 관점에서 태도와 행동 간의 관계를 검토하였는데, 첫째는 태도가 그에 따른 행동을 어느 정도나 예측해 주는가 하는 것이고, 둘째는 어떻게 태도와 상반된 행동이 때로 태도의 변화를 가져 오는가 하는 것이다. 태도-행동의 연관에 있어, 이 두 가지는 실험실에서 가장 확실하게 관련되어 있는 것으로 보인다. 실제 세계에서는 여러 가지 개인적, 상황적 요인들 때문에 태도가 행동에 반영되지 못한다. 또한 우리가 특정의 행동에 대한 특정의 태도를 살펴볼 경우, 그리고 그 태도들이 그 사람의 기억에서 쉽게 생각날 수 있는 것일 경우—즉, 그것이 자신의 경험에 근거한 것이고, 그 사람에게 개인적으로 중요한 것일 경우에 태도-행동의 연관은 보다 분명해진다. 태도와 상반적 행동으로부터 일어나는 태도 변화에 관하여서는, 인지 부조화 이론을 지지해 주는 많은 문헌들이 있다. 그러나 이 이론 자체가 처음 제안된 이래로 훨씬 다듬어졌다. 대안적 입장인 자기 지각 이론은 이 영역에서 상당히 더 제한되어 있다. 그러나 이것은 사람들이 좋아하는 일에 대하여 보상을 줄 경우 긍정적 태도를 감소시키는 과잉-정당화 효과를 설명하는 데에는 중요한 의미를 가지고 있다.

## 더 읽을거리

Breckler, S. J. (1984) Empirical validation of affect, behavior and cognition as distinct components of attitude. *Journal of Personality and Social Psychology*, *47*, 1191-1205. 이 분야에서 태도의 삼자 모형이 차지하는 중요성에도 불구하고, 이 개념에 대한 체계적 연구가 부족하였다. 이 논문은 그 이론의 타당성을 보여주는 최근까지의 주요 연구들 중 하나이다.

Fazio, R. H. and Williams, C. J. (1986) Attitude accessibility as a moderator of the attitude-perception and attitude-behavior relations: an investigation of the 1984 presidential election. *Journal of Personality and Social Psychology*, *51*, 505-514. 태도에 대한 높은 수준의 기억 용이성이 어떻게 확인적 정보(confirmatory information), 그리고 높은 태도-행동 일관성에 대한 선택적 주의와 연관되는지를 실생활에서의 예로 보여준다.

La Piere, R. T. (1934) Attitudes vs. actions. *Social Forces*, *13*, 230-237. 태도-행동 논쟁의 초창기 때 나온 논문으로, 자주 인용되는 이 분야의 고전이다.

5장

# 태도 변화



Chapter 5

## 서론

심리학이 하나의 학문으로 자리잡기 훨씬 전부터 사람들은 어떤 주장이 설득력을 갖도록 해주는 요인들에 관하여 관심이 있었다. 설득적 언변의 기술은 고대 그리스 때에 중요한 연구의 주제였으며, 플라톤을 비롯한 그리스 철학자들은 메시지가 설득력을 가질 수 있도록 해 주는 원리들을 이해하려 많은 노력을 기울였다. 철학적 분석에 근거한 것이든 아니면 그저 연설에서 청중들을 움직이려는 것이든 간에 설득의 기술은 참으로 오래된 것이다. 그에 비해 비교적 최근에 이루어진 심리학의 공헌은 설득에 대한 철학적 분석과 설득의 기술을 과학적 연구의 주제로 삼았다는 것이다. 이 장에서 나는 설득적 의사 전달의 효과에 영향을 주는 것으로 알려진 몇 가지 주요 요인들에 관하여 살펴보겠다.

의사 전달(Communication)은 '누가 무엇을 누구에게 어떤 효과를 가지며 말하는가'로 정의되었다(Smith et al., 1946). 설득적 의사 전달은, 의사 전달의 다른 형태들과 마찬가지로 이러한 여러 가지 면들을 고려해야 한다. 효과의 요소는 우리가 태도와 행동의 관계에 관해 논할 때 부분적으로 다뤄졌으며, 이에 관하여는 제6장에서 설득 과정의 두 가지 심리학적 이론들에 대하여 살펴볼 때 좀더 논의하겠다. 다른 요소들—누가 무엇을 누구에게 말하는가—을 이 장에서 다루겠다. 설득적 메시지를 만든 사람을 정보원(source)이라 하고, 그 메시지가 향하고 있는 대상인 어느 한 사람이나 사람들을 청자(audience)라고 부르는 관례를 나도 따르겠다. 그리고 물론 말의 내용이 메시지이다. 이 주제들을 포괄적으로 다루기 위하여, 나는 의사 전달 매체를 또한 설득의 한 요소로서 살펴보겠다. 현대의 매체들이 다양한 만큼 그것들의 영향도 상당히 다를 수 있다.

나는 정보원, 메시지, 청자 및 매체 요인들을 각기 따로 검토할 것이지만, 실제로는 그것들이 상호작용하고 서로 영향을 증가 혹은 감소시킬 수 있다는 점을 기억해야 한다. 예를 들어, 아주 설득적인 메시지도 거기에 그 의사 전달자의 이권이 개입되어 있다는 것을 우리가 알게 되면 설득력이 감소된다. 마찬가지로, 지적 수준이 높은 어느 집단에게는 설득력이 매우 높은 메시지가 지적 수준이 낮은 다른 집단의 사람들에게는 그것을 이해하기가 너무 복잡하여 완전히 설득력을 잃을 수 있다.

정보원, 메시지, 그리고 청자 요인들이 설득적 메시지의 효과를 증감시킬 수 있을 뿐 아니라, 또한 중요한 점은 이 요인들이 서로에 대한 지각에 영향을 줄 수 있으며, 설득적 메시지의 내용이 설득에 있어 이러한 요인들의 지각에 영향을 줄 수 있다는 것이다. 예를 들면, 청자가 의사 전달자를 어떻게 생각하는가는 그가 전달하는 메시지에 대한 청자의 의견에 의해 영향을 받을 수 있다. 이것은 사회심리학자들이 그토록 자주 언급한 '유사한 것에 끌리는 효과' 에서 자명하게 보여진다. 당신의 태도와 유사한 태도들을 지지하는 광고는, 정치 정당에서 하는 것 같은, 당신에게 그 메시지의 진실성을 설득하려 할 뿐 아니라, 당신이 그 정당을 좀더 좋아하게 만들려 할 것이다. 바로 이것이 정보원과 메시지 요인들 간의 상호 관련성을 보여준다. 마찬가지로, 우리는 흔히 광고에서 아름다운 모델들을 보게 되는데,

그것은 그들이 보다 설득력이 있을 것이라는 것에 근거한 것이다. 그러나 우리는 또한 우리가 동감할 수 있는 사람들을 매력적으로 보는 경향이 있다는 증거도 있다! 결국 중요한 것은 설득의 요인들과 그 효과들 간에 서로 영향을 주고받는 복잡한 패턴들이 있다는 것으로서, 그것을 살펴볼 것이다. 여기서는 이러한 상호 연결들의 몇 가지만 검토하겠지만 실제로는 이 책에서 다루고 있는 것보다 훨씬 많다.

## 메시지 학습

정보원, 메시지, 그리고 청자 효과들 간의 연관을 보여주고자 한 어느 초기의 연구는 그것들이 설득적 의사 전달 내용의 학습과 수용을 어느 정도나 증진 혹은 방해하였는지를 검토하였다(McGuire, 1968). 이 관점에 의하면 설득적 의사 전달이 태도 변화에 대한 촉진과 억제 두 가지 모두를 동시에 할 수 있다는 점에 주목할 필요가 있다. 예를 들어 공포심에 호소하는 것은 주의를 감소시키며, 따라서 메시지를 학습할 수 있는 능력도 저하시킬 수 있다. 그러나 일단 학습될 경우 공포의 사용은 메시지를 수용할 가능성을 증가시킨다.

설득적 의사 전달의 영향이라는 점에 있어 두 가지 주요 과정들이 밝혀졌지만—학습(메시지에 대한 주의집중과 그것의 이해), 그리고 수용 혹은 승복—이것들은 태도 변화(설득)가 일어나는 것으로 보이기 위해 필요한 5개의 연속적 단계들로 나뉘어질 수 있다.

1 메시지에 주의집중

2 메시지의 이해

3 메시지에 승복(혹은 메시지의 수용)

4 메시지를 기억 속에 유지

5 행동으로 옮김

수많은 연구들이 수용 단계에 집중하였지만, 사실 모든 단계가 다 중요하며, 이 장의 나머지 부분에서 우리는 어떻게 그것들이 정보원, 메시지, 청자, 그리고 의사 전달 매체의 성질에 따라 영향받을 수 있는지를 살펴보겠다. 메시지 학습 접근 방법은 보다 세련된 이론적 분석들로 대부분은 대체되었지만, 설득에 관여된 요소들에 대한 우리의 개관을 정리하는 데에는 유익한 접근 방법이다.

## 정보원

메시지는 정보원(情報源, source)에 의해 여러 다른 추상성의 수준에서 전달될 수 있다. 내가 당신에게 자선 기금을 위한 복권을 사라고 설득하고 있을 경우, 우리는 정보원으로서의 나의 효율성을 분석할 수 있다. 우리가 신문을 읽을 때, 우리는 그것을 설득적 의사 전달의 한 정보원으로 간주할 수 있으며, 우리가 자선 단체의 광고를 볼 때 우리는 자선 단체를 정보원으로 간주할 수 있다. 다시 말해, 정보원은 어느 사람, 집단 혹은 기관이 될 수 있다. 그런데 왜 정보원에 따라 설득적 메시지의 효과가 달라지는가? 아주 간단히 말해, 설득적 의사 전달의 정보원이 누구인지를 알게 됨으로써 우리는 메시지에 포함된 것 외에 다른 부가적 정보를 얻게 되기 때문이다. 사형 제도에 대한 반대를 주장하는 메시지가 검사가 아닌 사형수에 의해 만들어진 것이라고 우리가 믿게 될 경우, 그것은 매우 다르게 받아들여질 것이다. 그들이 각자 아주 명백히 다른 자기-이익을 가지고 있다는 사실이 설득적 의사 전달의 의도에 대한 우리의 해석에 분명히 영향을 줄 것이다.

## 정보원 효과의 유형

정보원 효과의 두 가지 주요 유형으로 매력(attractiveness)과 신빙성(credibility)이 연구되었다. 매력의 역할에 대한 연구에서는 정보원의 신체적 매력과 호감도(likability) 두 가지를 다루었다. 신빙성에 관한 연구들은 전문 지식과 신뢰성 두 가지를 검토하였다. 그러나 일부의 초기 연구들에서는 이 두 가지가 분명하게 구분되지 않았다.

우리가 어떻게 정보원을 평가하는가는 거의 개인적 판단 혹은 귀인(attribution)의 문제이다. 똑같은 배우에 대하여 어떤 사람은 그를 좋아하고 매력을 느낄 수 있으나 다른 사람은 그를 싫어할 수 있다. 이러한 귀인들이 더러는 인종, 성별, 그리고 외모 같은 전혀 상관 없는 정보들에 근거하여 이루어진다. 경찰이나 정부의 전문가들이 어떤 사람들에게는 믿을 만한 사람들로 여겨지는 반면, 다른 어떤 사람들에는 그들이 전혀 객관성이나 신빙성이 없는 사람들로 생각될 수 있다. 이것은 영국의 광우병 사건 시에 쇠고기를 먹어도 안전한가에 대한 논란이 있었을 때 영국, 프랑스, 독일에서 사람들이 보여주었던 전문가들에 대한 인식에서 아주 확연하게 드러났다. 전문가들의 편향성 여부와 상관없이, 어떤 일에 대한 그들의 개인적 관여의 수준이 높을 경우 사람들은 전문가들의 전문 지식과 신뢰성에 대하여 아주 편향된 귀인을 할 수 있다.

## 정보원 효과에 대한 연구

이 분야에서 기초가 된 대부분 연구들이 사용한 전형적인 방법은 아주 간단하다. 주로 피험자들은 연구자가 알고자 하는 어떤 주제에 대한 자신들의 태도를 평가받는다. 그리고 일정 시간 경과 후에 피험자의 절반에게 어떤 설득적 논평을 마치 신문에 실린 기사인 것처럼 제시한다. 설득적 의사 전달을 받지 않은 나머지 피험자들은 설득적 의사 전달을 받지 않고 자연스럽게 일어날 수 있는 태도 변화량의 기준치를 제공하는 통제 집단의 기능을 한다. 설득적 의사 전달을 받은 피험자들—실험 집단—에게는 그것이 명성있고 '진지한' 신문과 같은 높은 지위의 정보원으로부터, 혹은 평판이 좋지 못한 주간지에서 가져온 기사라고 말해 준다. 설득을 시도한 후에 모든 피험자들—실험 집단과 통제 집단의 피험자들—에게 중요한 주제에 대한 자신들의 태도에 변화가 있었다면 그것이 어느 정도나 되는지를 평가하는 질문지에 다시 답하게 한다. 이 두 집단 간의 차이를 비교함으로써 우리는 정보원이 어떤 것이었는지를 밝혀 주는 것이 기준치와 비교하여 어떤 효과를 주었는지, 정보원의 유형에 따라 효과의 유형과 양이 달라졌는지 여부를 결정할 수 있다. 이 두 집단 간의 유일한 차이는 단지 정보원의 유형을 밝혀 주었는지 여부이므로, 태도 변화에서의 모든 차이는 오직 정보원의 성질에 의한 것으로 귀결시킬 수 있다.

정보원 효과에 관한 연구에서 자주 사용되는 방법을 앞에서 논하면서 나는 한 가지 중요한 정보를 빠뜨렸는데, 그것은 정보원에 관하여 언제 알려 주는가 하는 것이다. 설득적 의사 전달이나 광고의 처음 부분에, 아니면 끝에 알려 주어야 하는가? 당신이 이것을 잠시 깊이 생각해 본다면, 그 잠재적인 중요성을 알게 될 것이다. 처음 부분에서 밝힐 경우 주의를 분산시키거나 혹은 오히려 주의집중과 메시지의 학습을 증진시킬지 모른다.

Mills와 Harvey(1972)의 실험이 이 점을 보여주고 있다. 피험자들은 대학생들을 위한 보다 광범위한 교육을 권장하는 글을 읽었는데, 그것은 각기 다른 정도의 전문 지식과 매력을 가진 정보원으로부터 나온 것으로 제시되었다. 정보원에 관한 것을 피험자들에게 메시지의 처음에 혹은 끝에 알려 주었다. 전문가 정보원들의 경우, 메시지의 시작 부분에서 알려 주었을 때 설득 효과가 더 컸다. 그러나 매력 있는 정보원들의 경우에는, 정보원에 관한 것을 처음에 알려 주든 끝에 알려 주든 설득 효과는 거기에 영향받지 않았다. 이러한 결과가 시사하는 바는 전문 지식이 듣는 사람으로 하여금 메시지에 관하여 어떻게 생각하는가에 영향을 주는 반면에, 정보원의 매력은 생각에 영향을 주기보다는 아마도 매력 자체가 직접적 영향을 끼치는 것이 아닐까 하는 것이었다. 이것은 광고업자들에게 좋은 징조이다!

### 신빙성

Hovland와 Weiss(1951)는 정보원 요인들에 의한 설득의 효과를 체계적으로 검사한 최초의 연구자들이다. 한 집단의 피험자들에게 네 가지 중요한 주제들(항히스타민제를 처방전이 있어야만 살 수 있는 약으로 계속 둘 것인가; 원자 잠수함의 개발 가능성; 철강 부족에 대한 업계의 책임; TV에 기인한 영화의 쇠퇴)에 대한 질문지를 주었다. 이 실험이 1940년대 후반에 이루어졌음을 기억해야 한다. 따라서 주제들도 이제는 낡아 보일는지 모르지만 그것들이 그 당시에는 논란거리들이었다. 일주일 후에 피험자들에게 네 개의 신문 기사들(이슈들 중 한 가지에 관하여 찬성하는 것, 그리고 반대하는 입장의 것을 포함하는)을 제시하였다. 어떤 기사들은 신빙성이 높은 정보원들에 의한 것으로 제시되었고, 다른 것들은 신빙성이 낮은 정보원들에 의한 것으로 제시되었다. 예를 들어 항히스타민제에 관한 주제의 경우, 의학 전문 잡지 혹은 대량으로 배부되는 신문이 될 수 있겠다. 그리고 나서 피험자들에게 두 번째 질문지를 실시하였다.

사전과 사후에 실시한 두 질문지의 결과를 비교함으로써 의사 전달에 의한 태도-변화 효과를 결정하였으며, 또한 이 때의 차이가 메시지에 대한 주의집중 수준의 차이에서 나온 것이 아님을 확인하기 위하여 의사 전달의 사실적 내용에 관한 질문들을 질문지에 포함시켰다. 평균적으로, 신빙성이 높은 정보원은 22.5%의 태도 변화를 가져 왔고, 신빙성이 낮은 정보원은 단지 8.4%의 태도 변화를 일으켰다. 결과의 이러한 유형은 예상된 바와 다르지 않다. 그러나 보다 흥미로운 것은 수면 효과(a sleeper effect)로서, 시간이 지나면서 신빙성이 낮은 정보원으로부터의 설득이 증대된다는 것이다. 즉, 4주 후에는 두 정보원의 영향력이 똑같았다. 시간이 경과함에 따라 메시지의 정보적 내용이 정보원보다 더 중요해지는 것으로 보인다. 그러나 보다 최근의 연구는 수면 효과가 아주 특수하고 제한된 조건들에서만 일어나는 경향이 있다고 주장하였다.

Greenwald와 그의 동료들(1986)은 메시지, 신빙성이 낮은 정보원에 대한 정보, 혹은 주장에 대한 반론(절감 단서)이 각기 다른 속도로 쇠퇴하기 때문에 수면 효과가 일어난다고 주장한다. 따라서 신빙성이 낮은 정보원이라는 것의 애초의 효과는 시간이 지나면서 감소되고, 메시지가 상대적으로 보다 큰 영향력을 가지게 된다. 쇠퇴 속도가 다르다는 가설에서는 수면 효과가 일어나기 위해서는 몇 가지 중요한 요건이 충족되어야 한다고 주장한다. 첫째, 설득적 메시지가 듣는 사람에게 애초에 강한 영향력을 가져야만 한다. 피험자가 설득적 메시지를 처음에 학습하지 못할 경우에는 그것이 나중에 중요해질 가능성이 없다. 메시지가 확실히 학습되도록 하기 위하여, 어떤 실험자들은 피험자로 하여금 주장들에 관하여 요점을 적도록 요구한다. 둘째, 절감 단서(의사 전달이 신뢰로운 것이 못된다는)는 메시지 제시 직후에 주어져야 하며, 메시지의 영향력을 효과적으로 방해해야 한다. 이것은 피험자들이 메시지에 대한 주의집중을 '꺼버리지' 않도록 하기 위한 것이며, 또한 그것은 메시지가 인지적으로 처리되고 기억에 저장되는 방식에 있어 일어날 수 있는 변화를 방지한다. 마지막으로, 절감 단서는 메시지보다 좀더 빨리 쇠퇴되어야 한다. 그 결과, 메시지 효과 자체가 시간 경과에 따라 비록 쇠퇴해지기는 하지만, 절감 단서의 영향으로 억제될 때보다 일정 시간이 경과한 후에 그 효과가 더 강하게 나타난다는 것이다.

### 신빙성의 성질

설득에 있어 신빙성의 중요성은 두 가지 주요 요인들에 의해 영향받는데, 그 사람이 그 영역에 대하여 가지고 있는 관심의 정도, 그리고 듣는 사람에게 지각된 의사 전달자의 의도가 그것이다.

그들이 그다지 관심이 많지 않거나 혹은 설득적 이슈에 대한 관여도가 낮을 때—다시 말해, 그들이 별로 많은 생각이나 비판이 없이 다른 사람의 의견을 받아들일 가능성이 높을 때 신빙성이 좀더 영향력을 갖게 될 가능성이 높다. 그 문제가 우리에게 개인적으로 중요한 것일 경우에는 그렇지 않을 것이다. 우리는 사전 지식을 가지고 있을 것이며 지금 우리가 가지고 있는 중요한 태도를 공격하는 어떠한 설득적 의사 전달에 대하여도 자세히 검토하고자 하는 강한 동기를 가질 것이다. 이러한 경우, 높은 신빙성을 가진 정보원은 사실 듣는 이로 하여금 메시지에 대하여 더 많이 생각하게 하고, 설득의 가능성은 오히려 적어진다(Petty et al., 1981). 불행히도 실험실 연구들은 주로 중요하지 않은 문제들과 신빙성이 높은 정보원들을 사용한다. 따라서 그러한 연구들이 흔히 설득에 있어 그토록 강력한 신빙성 효과를 보고하는 것은 놀라운 일이 못된다.

청자에게 지각된 의사 전달자의 의도는 우리가 그들을 신뢰할 수 있는지 여부를 결정하는 데 중요한 역할을 한다. 이것은 내가 이 장의 시작 부분에서 잠시 언급했던 귀인의 문제이다. 우리가 정보원이 자신의 이익에 반하여 주장하고 있으며, 우리를 설득함으로써 개인적으로 얻을 이득이 없고 오히려 손해를 볼 수도 있다고 지각할 때 우리가 그 사람에게 부여할 신뢰성은 가장 커질 것이다.

이것이 왜 쇼핑하는 보통 손님들에게 아무런 예고 없이 접근하여 어느 상품에 대한 의견을 말하도록 하는 광고들이 강력한 힘을 가지는지를 설명해 줄 것이다. 돈을 받고 하는 직업적 배우들과는 달리, 우리는 그 보통의 고객들에게 숨은 동기가 있거나 우리를 설득하는 데 그들의 이익이 달려 있다고 보지 않으므로 그들은 본질적으로 좀더 신뢰로울 수밖에 없다.

### 매력

의사 전달자의 매력은 설득에 있어 아주 주요한 요인임이 밝혀졌다. 매력의 두 가지 면들이 상당히 많은 관심을 받았는데, 의사 전달자의 외모와 호감도가 주는 영향이 그것이다.

연구 결과는 대체로 의사 전달자의 신체적 매력과 설득 간에 정비례 관계가 있음을 시사한다(Patzer, 1985). 그러나 그것이 부분적으로는 좀더 매력적인 사람들이 가지는 자존감이나 의사 전달 기술과 같은 다른 상호 연관된 특성들 때문일 수도 있다(Chaiken, 1979).

또한 사람들은 자신과 유사하며 다른 사람들로부터 호감을 받고 있다고 지각되는 의사 전달자에 의해 좀더 잘 설득된다는 것을 시사해 주는 연구도 있다(Eagly & Chaiken, 1975). 유사성은 흔히 호감과 연관되는 것으로 밝혀졌다. 유사성의 이러한 의미에 근거하여 볼 때, 어느 정보원이 그의 청자가 가지고 있는 관점을 먼저 처음에 표현할 경우, 그 다음의 설득이 보다 성공적일 가능성이 높다는 것이 밝혀졌다. 이러한 전략은 '죽은 말(horse) 두들기기' 라 불리운다(Cialdini, 1993).

## 정보원 효과에 대한 설명

어떤 이론가들은 여러 가지 정보원 효과 요인들에 대한 귀인적 설명들을 강조하였다. 우리가 어떤 사람들을 신뢰하기 때문에, 혹은 그 사람들을 전문가라고 믿기 때문에, 그리고 그들의 관점이 객관적이라고 믿기 때문에, 우리는 설득 과정에서 효과적으로 지름길을 택함으로써 자신 스스로의 이해의 부분을 생략해 버린다(Chaiken, 1987). 즉, 결국 태도 대상에 관한 전문가나 신뢰받는 사람의 말을 받아들인다. Wood와 Eagly(1981)의 연구는 설득적 의사 전달에 대한 수용자의 귀인, 이해, 그리고 태도의 변화를 살펴보았다. 예상할 수 있듯이, 대체로 이해가 높으면 설득이 증가된다. 귀인적 요소들의 영향을 보여주는 것으로서, 의사 전달자의 예상된 입장과 어긋났을 때 그리고 의사 전달자가 자신에게 가장 이익이 되는 것에 반하는 주장을 할 때 설득은 더 증가된다. 의사 전달자를 공평하고, 자신의 이익보다는 설득적 논의에 의해 영향받는 사람으로 지각하는 것은 또한 낮은 수준의 이해와 관련이 있는 것으로서, 즉 피험자들이 메시지의 논의들에 주의를 덜 기울이고, 그 결과로 설득 과정을 단축시켜버린다.

귀인적 접근 방법은 그 적용 가능성이 한정되어 있다는 비판을 받아왔는데, 그것은 사람들이 귀인의 근거로 삼는 정보가 보통 제한되어 있기 때문이다(Cialdini & Petty, 1981). 사실 사람들은 흔히 실생활에서 그들이 제한된 정보를 가지고 있을 때 귀인을 한다. 이러한 경우 그들은 기억에 의존하거나 가정을 하고, 유사한 경우들로부터 일반화함으로써 귀인을 한다.

다른 이론가들은 설득에서의 정보원 효과를 설명하기 위하여 설득적 정보의 인지적 처리를 강조한다. 만일 높은 신빙성을 가진 정보원이 의사 전달에 대하여 덜 생각하도록 만든다면, 이것은 더 높거나 낮은 수준의 설득을 가져올 것인데, 그것은 설득 메시지의 성질에 달려 있다. 생각의 회로를 짧게 단축시키는 것은 어떤 문제를 그 사람이 진지하게 고려할 경우보다는 태도와 상반되는 메시지의 경우에 확실히 더 태도의 변화가 일어나게 할 수 있다. 그러나 설득적 메시지의 입장을 그 사람이 이미 선호하고 있다면, 메시지의 내용에 주의를 기울이지 않고 그것에 관하여 생각하지 않을 경우, 주의를 덜 분산시키는 정보원의 경우보다 설득이 덜 일어나게 할 수 있다. 설득에 대한 인지적 반응 이론은 제6장에서 자세히 논의되고 있다.

## 메시지

이성적인 설득 메시지와 감정적 호소 두 가지 모두의 영향력을 검토하는 연구가 이루어졌다. 이 절에서는 특별히 많은 관심을 받은 영역인 설득적 호소에서의 공포의 사용에 초점을 맞추겠다. 이것은 건강에 관한 광고나 공중 보건 캠페인에서 아주 흔히 사용된다. 그 주제에 들어가기 전에 몇 가지의 단순한 메시지 특성들이 설득에 미친 영향에 관한 초기 연구의 결과들을 살펴보는 것이 적절할 것이다. 메시지 특성들이 설득에 미치는 영향을 알아내기 위하여 상당히 많은 메시지 특성들이 검토되었다. 이 절에서는 그 주요 발견들 중 일부를 살펴보겠다.

### 주장들의 이해와 그 숫자 및 순서

예상할 수 있듯이, 메시지의 이해 용이성은 효과적인 설득 메시지의 아주 기본적인 선행 요건이다. 메시지가 이해하기 쉬울수록 그 주장들을 보다 많이 기억하고 또한 설득의 정도도 좀더 높아진다(Eagly, 1974). 간단히 말해, 당신이 이해하지 못하는 주장에 의해 설득되기는 어려울 것이다. 또한 설득적 메시지의 주장들의 숫자도 중요할 것이다(Calder et al., 1974). 제시되는 설득적 주장의 수가 많을수록 설득의 정도가 어느 한도 내에서는 증가될 수 있을 것이다. 물론, 주장들을 너무 장황하게 함으로써 청자로 하여금 더 이상 주의를 기울이지 않게 하거나 혹은 주장들을 이해하기 어렵게 만들 수 있다. 기억에 관한 기본적인 연구들에 의하면, 우리가 많은 수의 주장들을 기억하기는 어렵다.

설득적 메시지에서 주장들이 제시되는 순서는 대상인 청자에게 각기 상반되는 주장을 제기하는 의사 전달을 하고자 하는 경우에 특히 중요하다. 예를 들어, 토론 시에 어느 정치가가 최고의 영향력을 가지기 위해서는 맨 처음에 발언해야 하는가 아니면 마지막에 해야 하는가? 당신은 당신의 광고가 잡지의 맨 앞에, 즉 다른 모든 것들보다 앞에 실리기를 원하는가, 아니면 가장 뒤에, 다른 모든 것들 뒤에 실리기를 원하는가? 설득적 호소의 효과성—즉, 선거에 이기고, 판매를 늘릴 효과적인 광고를 하는 것—은 이러한 결정에 따라 달라질 수 있다. 불행히도, 어느 것이 가장 좋은가 하는 것에는 간단한 해답이 없다. 두 가지 의사 전달의 타이밍과, 그 타이밍이 둘 중의 하나 혹은 두 메시지 모두를 얼마나 망각시키는가에 많은 것이 달려 있는 것 같다(Miller & Campbell, 1959). 대체로, 두 메시지가 동시에 제시되었으나 태도를 평가하기까지 혹은 결정을 내리기까지의 사이에 시간이 경과했을 경우에는 첫 번째 메시지를 선호하는 것 같다—수위 효과(primacy effect). 첫 번째 메시지 후에는 시간의 지연이 있었으나 두 번째 메시지 제시 직후에 메시지들의 효과를 평가할 경우에는, 두 번째 메시지를 더 잘 수용하는 것으로 보인다—최신 효과(recency effect). 두 메시지가 동시에 제시되고 시간 지연 없이 평가되거나, 혹은 각 메시지 후에 똑같이 지연시킨 후 평가할 경우에는 둘 중 어느 것도 더 유리하지 않은 것으로 보인다.

### 단면적 혹은 양면적 메시지

단면적인 설득 메시지를 제시할 것인가 아니면 양면적인 것을 제시할 것인가 하는 문제는 일반적으로 광고자들, 정치가들, 선전가들에 의해 상당히 많은 관심을 받았다. 한편으로는, 양면적 메시지가 좀더 개방적이고 정직해 보일 수 있다. 다른 한편으로는, 어떤 사람이 그 문제를 다르게 보는 방법도 있다는 것을 알게 되는 것을 우리가 과연 원하는가? 단면 메시지를 사용할 것인가 혹은 양면 메시지를 사용할 것인가 하는 문제는 부분적으로는 당신이 어떤 청자를 표적으로 하는가에 달려 있다(Hovland와 그의 동료들, 1949). 만일 그들이 당신의 주장에 대하여 호의적이라면, 단면적 호소가 아주 효과적일 수 있다. 그러나 만약 그들이 호의적이지 않다면 그런 방법은 음험하고 속이는 것으로 해석될 수 있다. 비호의적인 청자는 당신의 설득적 호소에 대한 반론들을 이미 많이 알고 있을 것이다. 그렇다면 그것들을 반복하고 반박한다고 해서 해로울 게 무엇인가? 이것은 또한 설득적 메시지가 좀더 정직하고 신뢰로워 보이도록 만들 것이다.

선전활동가들에게 중요한 의미를 가질 수 있는 결과는 양면적 메시지가 가져다 줄 수 있는 **면역 효과**이다(Lumsdaine & Janis, 1953). 단면적 메시지로 지금은 우리가 당신을 우리의 주장대로 설득한다 하더라도, 장기적으로 볼 때 미래에 다른 사람이 나타나서 당신이 잘못 알고 있으며 그 반대의 것이 사실이라고 설득할 수 있다. 우리의 설득 계획에 대한 이러한 미래의 위협을 피할 수 있는 한 가지 가능한 방법은 반론들을 미리 제시(그것을 받아들이지 않아야 할 이유들과 함께)하는 것이다. 그리하여 실제로 그런 것에 접하게 될 경우 당신은 이미 무장이 되어 있어 반대 설득을 쉽게 물리칠 수 있다. 이것이 면역 효과이다. 선전 활동가들에게는 음흉하지만 유용한 도구이다! 면역 효과는 실생활에서 여러 가지 중요한 실용적 용도를 갖는다. 예를 들면 청소년들에게 흡연을 애초에 시작하지 않도록, 혹은 흡연에 대한 동료들의 압력을 물리치도록 설득하고자 하는 생활 기술 프로그램에서 이것이 효과적일 수 있음이 많은 연구들에서 보여졌다(Pfau et al., 1992).

### 결론을 내릴 것인가 말 것인가?

설득적 논의의 결론을 분명하게 내려 줄 것인지 아닌지를 결정함에 있어, 선전활동가들은 청자가 어느 정도나 스스로 결정할 것으로 생각되는지를 고려해야 한다. 청자 스스로가 결론을 내릴 것이라고 상당히 확신이 설 경우에는, 그들이 그렇게 하도록 내버려 두는 것이 가장 좋다. 그들이 스스로에게 제공하는 추론 형태의 정보는 외부의 정보원이 주는 어떠한 정보보다도 더 신뢰받을 가능성이 높다. 그러나 청자가 중요한 결론을 내릴 가능성이 없을 경우, 우리는 이해(comprehension)의 문제로 바로 다시 돌아가게 된다. 즉, 그들은 전체 논의를 다 이해하고 있지 않으며, 따라서 그들은 설득도 덜 될 것이다. 설득적 의사 전달에서 명백한 결론을 내릴 것인지 아닌지의 문제는 결국 표적 청자가 설득 메시지를 다룰 능력(지능을 포함하여)과 그에 대한 동기에 대한 판단으로 아주 간단히 귀결된다(McGuire, 1968).

### 확신

이 주제는 모의 배심원 재판을 사용한 많은 연구들에 의해 검토되었다. 당신의 메시지에 관하여 주저함이 있다면 그것은 설득적이지 못할 것이다! 대체로, 좀더 자신있고 강력한 스타일로 제시되는 메시지가 더 잘 받아들여진다(Bradac et al., 1981). 자신의 소송 의뢰인이 무죄일 뿐 아니라 증거가 그 사실을 명백히 보여준다고 항시 주장하는 변호사들은 이것을 오래 전부터 알고 있었다. 당신과 증거들에 관해 잘 알고 있는 당신의 변호사가 당신의 무죄에 대하여 확신이 없다면 어떻게 배심원들이 그것을 믿어 주기를 기대할 수 있겠는가? 이런 식의 말하는 스타일은 또한 말하는 사람에게 신빙성이 있는 듯이 보이게 하여 적어도 부분적으로는 그러한 요인을 통해 효과를 가져올 수 있다. 그러나 연구 결과에 의하면 그 효과는 성별에 따라 달라질 수 있다. 강력한 스타일의 연설(주저함이 적고, 적합한 진술들 등)은 남성 연설자에게는 거의 보편적으로 유리한 반면, 여성 연설자의 경우에는 좀더 복잡해져서 그 효과가 청자의 성별에 따라 달라진다. Carli(1990)가 발견한 바에 의하면, 여성 연설자의 강력한 연설 스타일은 남성 청자들의 경우에는 연설자의 신빙성을 감소시키지만, 여성 청자의 경우에는 신빙성을 증가시켰다. 여기에서 성역할 고정관념이 중요한 요인일 수 있다. 그러나 실생활에서는 또한 특수한 상황(직장 혹은 사교적 모임), 그리고 의사전달자의 지각된 목적(예를 들어 그 사람이 지금 당신에게 무엇을 팔려 하고 있는 것인가?)이 또한 고려될 것이다.

## 공포

메시지 효과에 있어 공포 유발의 효과를 살펴보는 연구가 많이 이루어졌다. 공포는 정서적 반응으로서 그리고 메시지의 내용으로서 정의되었다(Boster & Mongeau, 1984 참조). 설득에 있어서의 공포의 사용에 관한 초기 이론들은 그것을 어떤 동기의 상태(a drive state)로서 연구하였다. 공포는 혐오적 동기 상태를 증가시켰고, 태도 변화는 그 상태를 감소시키는 역할을 했다. 게다가 높은 수준의 공포는 사람들을 조건화하기 쉽게 만들며, 그들이 설득적 메시지에 대하여 복잡하고 새로운 반론을 생각해낼 수 있는 능력을 저하시킨다.

초기 연구들의 결론에 의하면 공포에 호소하는 것은 그 사람에게서 두 가지 기본 요구를 일으키는데, 정서적, 그리고 인지적 요구가 그것이다(Leventhal, 1970). 정서적 요구는 당면한 공포 유발 그 자체를 해결하는 것이다. 두 번째 요구는 고조된 공포 유발을 가져온 위험을 해결하는 것이다. 이러한 요구들을 만족시키는 데에는 두 가지 방법이 가능하다. 상대적으로 부적응적인 방법은 메시지에서 말하는 위험을 그냥 부인해버리는 것이다. 그리하여 흡연자는 자기가 아는 많은 사람들이 평생 흡연을 했음에도 건강하므로 자기가 실제로 폐암에 걸릴 가능성은 아주 적으며, 자신은 아직 젊으니까 나중에 끊을 것이다, 혹은 연기를 빨아 들이지는 않는다(*전에 들어본 소리다!), 자기는 단지 사교상 피우는 거다, 아주 많이 피우지는 않는다 등등의 말을 할지 모른다. 반대로, 그들이 위험을 직접 처리해 버림으로써 공포를 없앨 수도 있다. 즉, 흡연자가 실제로 담배를 끊으려 할 것이며, 술을 많이 마시는 사람이 덜 마시려 노력할 것이며, 커플들이 안전한 섹스를 실행하고, 마약 중독자가 주사기를 다른 사람들과 같이 사용하지 않고 하는 등등. 그렇다면 무엇이 그런 차이를 가져 오는가? 무엇이 한 사람은 공포 메시지를 처리함에 있어 비교적 적응적인 방법을 택하게 하고, 다른 한 사람은 덜 적응적인 방법을 택하게 하는가?

우리는 그러한 선택을 용이하게 해줌으로써 그 표적 청자가 문제를 부인하기보다는 적응적인 처리 방법을 선택하도록 적어도 도와줄 수는 있다. 적응적 반응을 채택하는 데에 장애나 불편함이 적을수록 그것이 채택될 가능성은 높아진다(Zhang et al., 1999). 공포에 호소하는 메세지가 효과

*역자주: 미국의 클린턴 대통령 후보가 선거 운동 당시 자신이 젊었을 때 마리화나를 피운 적은 있으나 연기를 빨아 들이지는 않았다고 한 것을 두고 말함

적이기 위해서는 처리 행동에 관한 구체적인 권고를 해주고, 필요한 정보나 다른 자원들을 제공해 줄 수 있어야 한다. 즉 우리가 성적으로 활발한 청소년들에게 안전한 섹스를 할 것을 권고하고자 할 때, 안전한 섹스란 무엇이며, 어디에서 콘돔을 구할 수 있는지를 알려 주고, 그런 용품이나 정보를 제공하는 곳을 편리한 장소들에 마련해 주며, 수치심을 일으킬 수 있는 것들을 제거하고, 그리고 그것들을 거의 공짜로 제공한다면 도움이 될 것이다.

## 주관적 유용성의 기대치 모형들

주관적 유용성의 기대치(Subjective Expected Utility, SEU) 모형들은 공포효과에 관한 명확하고 검증 가능한 이론적 개념들을 제시해 준다. SEU는 어떤 선택이나 행동이 그 사람에게 가지는 주관적 가치나 유용성의 정도, 그리고 그 선택이나 행동이 그 결과를 가져올 것에 대한 주관적 확률을 말한다. 이 때의 유용성은 주관적인 것임에 주목하라. 즉 그것은 보는 사람의 눈에 달린 것이다. 한 가지 행동이나 결정이 다른 것보다 절대적으로 더 많은 유용성을 갖는 것이 아니다. 따라서 여기서의 논점은 사람들이 각기 다른 결과를 가져오는 행동들 중에서 선택을 해야 할 경우, 자기에게 SEU가 가장 큰 행동을 선택할 것이라는 점이다. 구체적으로 말해, 흔히 이것은 어떤 결과가 그 사람에게 가지는 가치나 바람직함을 그것의 확률과 곱한 것으로 해석된다. 당신이 흡연자인 경우, 당신은 아마도 흡연의 여러 가지 결과들—기침, 암에 걸릴 가능성, 흡연의 즐거움 등—에 각기 가치를 부여할 수 있을 것이다. 그러나 당신은 또한 그 각각의 결과들이 자신에게 일어날 가능성을 당신이 얼마라고 생각하느냐에 따라 각각에 대해 비중을 매길 수 있을 것이다. 이 이론에서의 강조점은 위험과 보호에 대한 그 개인의 지각에 있기 때문에, 이러한 지각들에 영향을 주는 요인들 또한 모두 중요하다. 이러한 지각들은 나이나 성별, 인종 같은 여러 가지 간접적 요인들에 의해 영향받을 가능성이 있다.

Rogers의 보호 동기 이론(Protection Motivation Theory)은 공포에의 호소에 적용된 SEU 모델의 초기의 예이다. Rogers(1975)는 공포에의 호소는 지각의 세 가지 면, 즉 위협의 지각된 유해성(perceived noxiousness of the threat), 위협에 대한 지각된 민감성(perceived susceptibility to the threat), 가능한 처리 반응의 지각된 효력(perceived efficacy of the possible coping response)에 달려 있다고 하였다. 자신의 이론에 대하여 이후에 첨가하면서 Rogers(1983)는 또한 자기 효력(self-efficacy)—필요한 처리 반응을 효과적으로 실행할 수 있는 자신의 능력에 대한 믿음—의 역할을 강조하였다. 간단히 말해, 효과적인 공포 호소란 당신으로 하여금 위협이 심각하며 그것이 당신에게 일어날 가능성도 높지만 그것을 피할 효과적인 방법이 있음을 믿게 할 것이다. 마지막으로, 당신이 그 메시지를 받아들일 경우 당신이 이 효과적인 해결 방법을 이행할 능력을 가지고 있다고 스스로 믿어야 한다(Witte, 1992). 이러한 요인들 중 하나라도 무시될 경우, 호소는 실패하게 된다. 우리가 위험을 대수롭지 않게 볼 경우에 우리는 그것을 무시한다. 마찬가지로, 우리가 그 위험이 우리에게 해당되지 않는다고 볼 때도 그것을 무시한다. 이것은 왜 공포 호소가 비교적 자신을 덜 취약하게 생각하는 청소년들보다 나이든 사람들에게 더 효과적인지를 설명해 준다(Boster & Mongeau, 1984).

처리 반응의 지각된 효력에 관하여 말하자면, 이것은 대가 대 이득이라는 점에서 평가될 것이다. 대가란 실제의 재정적 의미, 불편함이나 시간적 제약을 말할 수 있다. 이득은 긍정적이거나 혹은 부정적일 수 있는데, 즉 건강상의 이익 혹은 이제는 포기한 어떤 즐거움이 그 예가 될 수 있겠다. 예를 들어 에이즈(후천성 면역 결핍증)에 관한 연구는 많은 청소년들이 콘돔 사용의 이점을 믿지만 또한 그것이 성교의 쾌락을 감소시킨다고 믿고 있음을 보여주었다. 이러한 부정적 지각들이 콘돔의 낮은 사용률과 연관되어 있다(Valdiserri et al., 1989).

# 청자

표적 청자(聽者)의 특성들은 설득적 의사 전달의 효과에 있어 분명히 주요한 요인이다. 그러나 또한 거기에 관련된 상당수의 다른 요인들로 인하여 매우 이견이 많은 영역이기도 하다. 이 중의 많은 요인들은 이 장의 앞에서 이미 다룬 영역들과 겹쳐진다. 예를 들어 정보원과 메시지의 여러 특성들의 효과는 청자의 특성에 따라 달라진다. 이러한 여러 상호작용들이 이 절에서 논의될 것이다.

## 지능과 자존감

메시지 수용자의 지능은 어느 한 메시지 내에서 다뤄질 수 있는 주장들의 수와 복잡성에 영향을 줄 것이다(Eagly & Warren, 1976).

지능과 자존감(self-esteem) 두 가지 모두가 설득적 메시지의 수용(주의집중 및 메시지의 이해)과 그에 대한 승복(실제로 설득되고 그 메시지를 기억 속에 유지) 간의 균형에 영향을 주는 것으로 알려졌다. 높은 수준의 지능과 자존감을 가진 수용자들의 경우, 그들을 설득하려는 메시지들에 주의를 기울이고 이해할 가능성이 더 많다. 그러나 그들은 또한 설득하려는 시도에 대하여 의문을 제기하고 거기에 저항할 가능성도 더 높다. 전체적인 영향을 볼 때, 지능 수준과 자존감이 증가되면 설득의 수준도 어느 지점까지는 증가되는데, 그것은 그 두 가지가 메시지의 수용 요인에 영향을 주기 때문이다. 그러나 그 지점을 넘어서면 그에 대한 회의와 승복에 대한 저항이 증가하여 오히려 설득이 감소될 수 있다.

## 심리적 저항

사람들이 자신이 특별히 관심을 가지고 있거나 개인적으로 깊이 관여된 문제의 경우에 설득적 메시지에 대하여 반론을 제기하는 것은 심리적 저항이라 알려진 현상으로 부분적으로 설명될 수 있겠다. Brehm과 Brehm (1981)은 그들의 심리적 저항 이론에서 사람들은 일반적으로 선택과 행동에 대한 그들의 지각된 자유를 유지하고자 하는 동기를 가지고 있다고 주장한다. 따라서 어떤 사람이 그 문제에 대하여 자신에게 선택의 여지나 발언권이 없고, 의사 전달자가 그들의 설득을 이미 결정된 것으로 간주한다고 생각할 때, 특히 그것이 그 자신에게 중요한 문제일 경우, 설득에 저항하고 자신의 독립성을 주장한다. 이러한 조건들에서 사람들은 메시지를 보다 면밀히 검토하고 그에 대한 반론들을 형성한다. 그리하여 그들은 그에 반대되는 관점을 말하고 자신에게 요구되는 것과 반대되게 행동한다.

이것은 Petty와 Cacioppo(1977)의 연구에서 보여졌다. 이 연구는 앞으로 받게 될 메시지(1, 2학년 학생들은 의무적으로 대학 기숙사에서 살도록 해야 한다고 주장하는)의 설득적 의도를 피험자들에게 미리 알려 줄 경우,

이 문제를 두고 그것과 관련된 생각을 보다 많이 하게 하였고 그것은 이후의 낮은 설득 수준과 연관이 있다는 것을 보여주었다. 피험자들에게 미리 알려 주지 않고 설득 이슈에 대한 자신들의 생각을 그냥 써 보게 함으로써도 그와 비슷한 효과를 얻었다. 설득 의도에 대하여 미리 알려 주든 아니든 관계없이 중요한 문제에 대하여 단지 생각해 봄으로써 반론이 활성화되는 것으로 보인다.

### 처음의 태도

사회적 판단 이론(Social Judgement Theory)(Sherif & Hovland, 1961)은 우리가 설득적 메시지를 받아들일 가능성은 그것이 우리의 수용의 범위(설득에의 개방) 내에 속하는가 혹은 거부의 범위(동화되기에는 우리의 처음 태도에서 너무 동떨어진) 내에 속하는가에 달려 있다고 주장한다. 우리의 수용의 범위는 그것이 우리에게 그다지 중요하지 않은 태도의 경우에 더 커진다. 우리의 거부의 범위는 우리가 극단적인 태도들을 가지고 있을 때, 그리고 우리에게 개인적으로 중요한 태도들의 경우에 더 커진다. 예를 들어, Brown(1999)의 연구에 의하면, 사람들은 성범죄자들이 처벌뿐 아니라 치료도 함께 받는 것을 대체로 선호하지만, 그 사람들이 자신들이 사는 동네에서 치료를 받는 것에 대하여는 훨씬 덜 호의적이다. 어느 태도가 우리들의 수용의 범위 내에 속하게 될 경우 그것은 동화된다(assimilated). 그리고 그것이 그 영역의 밖, 즉 거부의 영역에 속하게 될 경우 그것은 대비될(contrasted) 것이다. 다시 말해, 어떤 설득 메시지가 수용되지 않을 경우 실제로 우리는 그것과 우리의 기존 태도 간의 차이를 강조하게 된다. 만약 어느 한 정당에서 그들의 메시지로 당신을 설득하려 했으나 실패한 경우, 그것은 당신이 가지고 있는 기존의 정치적 선호에 대하여 실제로 더욱 확신하게 만들고, 당신은 그 정당을 이전보다도 더 마음에 들지 않는 것으로 지각하게 된다.

## 성별에 따른 차이[性差]

여러 이론적 개관들과 경험적 연구들은 여성이 남성보다 좀더 쉽게 설득된다는 것을 시사해 주었다. Eagly(1978)는 독해(讀解, comprehension)에 관한 연구들에서는 성차가 나타나지 않음에도 불구하고 이것이 주로 여성이 남성보다 좀더 언어적이라는 것에 근거하여 설명되는 경향이 있음에 주목하였다. 대신, Eagly는 여기서 보이는 이런 성차는 두 가지 요인들을 반영하는 것일 수 있다고 주장하였다. 첫째, 이것은 여성의 사회적 역할을 반영하는 것일 수 있다. 이것이 1970년대 이후 성차를 보고하는 연구들의 수가 감소된 이유를 설명해 줄 수 있겠다. 둘째, 성차는 부분적으로 실험의 부산물을 반영하는 것일 수 있다. 즉, 설득에 관한 많은 연구에서 사용된 메시지들 자체가 본래 여성보다는 남성들에게 더 흥미로운 것들인지도 모른다. 따라서 남성들이 그 주제들에 관하여 더 잘 알고 있고, 개인적으로 거기에 보다 더 관여되어 있으며, 자신의 기존 태도를 보다 더 방어하고자 하는지 모른다. 이러한 주장을 뒷받침하기 위하여 Eagly가 선행 연구들을 내용 분석해 본 결과, 성차를 보고한 연구들은 실제로 여성들보다는 남성들에게 보다 흥미로울 가능성이 있는 것으로 평정된 주제들을 사용했다는 것을 발견하였다.

## 매체

설득에 관여되는 요인들에 대한 균형있는 설명을 제공하려면 어떻게 설득적 메시지들이 의사 전달되는가와 연관된 여러 가지 중요한 요인들이 고려되어야 한다. 이 절에서 나는 의사 전달의 다양한 방법들의 특성, 그리고 그것들이 특정의 사람에게 하는 기능들에 대하여 살펴보겠다.

### 매체와 의사 전달 통로들

의사 전달의 **통로**(채널)란 메시지의 전달 방법—예를 들어 시각적 혹은 청각적—을 말한다. 물론 정보는 한 가지 이상의 수준에서 전달될 수 있으며, 정보는 비의도적으로 그리고 어떤 의도된 정보 전달에 부가되어 일어날 수 있다. 설득적 의사 전달에 관여되는 통로들은 그 메시지가 전달되는 매체에 의해 결정될 것이다. 가장 단순한 수준의 것은 얼굴을 마주 대하고 말하는 것이다. 그러나 이것 또한 여러 가지 형태로 된 모든 대중 매체들의 요소들을 포함하고 있다. 의사 전달의 매체들은 의사 전달에서 언어 혹은 비언어적 속성들을 강조하는 정도에 있어 차이가 난다. 인쇄 매체들은 언어를 강조하고, 라디오는 말(speech)의 언어적 요소를 강조한다. 그러나 일부 비언어적인 속성들도 또한 전달된다. 그리고 텔레비전 프로나 광고들은 많은 언어적 그리고 비언어적 수준들에서 동시에 작용한다. Marshall McLuhan(1964)과 같은 저자들이 우리의 사고와 행동을 결정함에 있어 그것이 전하는 메시지뿐 아니라 그 매체의 성질 자체가 중요하다고 주장한 것은 별로 놀라운 일이 아니다.

의사 전달의 통로들은 여러 가지 성질에 있어 다른데, 그것들이 메시지의 효과를 좌우할 수 있다. 다른 통로들은 각기 다른 감각들을 표적으로 한다—예를 들어 시각적 혹은 청각적인 것이 그것인데, 그것들은 청자와 상호작용하는 정도, 그것들의 영속성, 그리고 그것들이 무시될 수 있는 정도에 있어서 다르다. 신문은 주로 시각 체계를 표적으로 한다. 여기에서 메시지는 주로 언어(일부의 사진들이 아주 강력하긴 하지만)를 통하여 전달되며, 반응이나 의견을 전하기 위해 편지를 쓰거나 전화를 할 수 있기는 하지만, 청중과의 상호작용의 수준은 제한되어 있는 편이다. 신문은 비교적 영속적이다—정보는 독자 자신이 원하는 속도로 흡수될 수 있으며, 관심있는 메시지는 언제든 다시 접할 수 있다. 그러나 청자는 또한 애초에 그것을 접할 것인지 아닌지 자체를 선택한다. 대부분의 사람들에게는 자기가 가장 좋아하는 신문들이 있으며, 흔히 신문의 특정 면들에만 관심을 가지거나 읽는다. 이러한 점은 어떤 의사 전달 매체든 마찬가지이며, 각기 그것들이 가지는 설득적 의사 전달 도구로서의 잠재적인 장단점들을 보여준다.

메시지의 효과를 극대화하기 위하여는 설득적 의사 전달을 위해 선택할 통로에 아주 세심한 주의를 기울여야 한다. 통로의 선택은 정보원, 메시지, 그리고 청자의 특성에 따라 달라질 수 있다. 소수의 전문가로 이루어진 청자를 위한 복잡한 메시지는 전문 잡지를 통하여 가장 잘 제시될 수 있을 것이다. 반대로, 다른 여러 유사한 제품들과 경쟁하는 가정용품은 텔레비전 광고에서 유머, 음악 혹은 매력 있고 잘 알려진 정보원들을 사용할 수 있겠다. 최대의 효과를 내기 위하여 설득적 메시지는 그것을 전달하는 통로(들)의 특성을 최대한 활용하도록 만들어질 수 있다.

### 매체의 기능

사람들은 메시지를 수동적으로 수용만 하는 것이 아니다. 그들은 그들 자신의 필요와 욕구들을 충족시키기 위하여 여러 가지 매체들을 사용하고 선택적으로 거기에 자신들을 노출시킨다. 이것은 사용과 만족의 패러다임(Rubin, 1994)이라 불리우게 되었다. 여러 매체들은 각기 다른 사람들에게 각기 다른 기능들을 하기 때문에, 설득적 메시지의 제시 방법을 결정할 때 이 점을 고려해야 한다. 예를 들어 Lull(1980)은 텔레비전이 사람들에게 해주는 6가지 기능들을 강조하였다. 우리가 텔레비전을 보는 이유는 그냥 심심해서 혹은 우리의 행동을 조절하기 위해서, 의사소통의 촉진을 위해서, 어떻게 행동해야 하는지를 배우기 위해서, 능력을 확인하기 위해서, 혹은 다른 사람들과 함께 있기 위해서 혹은 그들을 피하기 위해서일 수 있다. 메시지는 그 수용자가 그것이 자신에게 어떤 중요한 기능을 한다고 지각할 때 더 주의를 끌게 된다. 외로운 사람들에게는 매체가 현실 도피의 수단이 되는(Perse & Rubin, 1990) 반면에, 다른 사람들에게는 매체가 사람들이 만나 이야기할 때 대화 거리를 제공해 주는 것과 같은 도구적 기능을 한다(Perse, 1990). 어느 텔레비전 프로가 그 다음 날 친구들과의 화제 거리가 될 지도 몰라 우리가 그것을 시청한 경우가 얼마나 많은가?

### 통로들의 비교

개인적 의사소통은 흔히 가장 강력한 설득의 형태이다(예, Katz & Lazarsfeld, 1955). 개인적 의사소통을 피하기란 아주 어렵다—당신이 텔레비전 끄듯이 친구를 꺼버릴 수는 없다. 그리고 이 경우 메시지가 그것에 대하여 일어날 수 있는 어떤 저항이나 반론에 맞추어 융통성 있게 제시될 수 있다.

전하고자 하는 설득적 메시지의 유형과 복잡성에 따라 매체들의 효율성이 달라진다는 것이 연구에서 확인되었다(Chaiken & Eagly, 1976). 일반적으로, 복잡한 메시지는 시청각 매체보다는 인쇄 매체로 제시될 때 가장 성공적인 것 같다. 인쇄 매체는 독자들이 충분한 시간을 가지고 메시지를 읽고, 그것에 대해 주의 깊게 생각할 수 있으며, 필요한 경우 그것을 다시 읽을 수 있도록 해준다—그러나 이러한 특성들은 또한 왜 인쇄 매체로 제시되는 메시지가 시청각 매체로 제시되는 메시지들보다 더 비판적으로 받아들여지는지를 설명해 주기도 한다. 시청각 매체는 동시에 여러 통로들을 통해 청자에게 훨씬 많은 정보를 제공한다. 또한 메시지의 내용으로부터 주의를 많이 분산시킬 수 있다. 그러므로 이러한 매체는 비교적 간단한 메시지들에 가장 적합하다. 이 경우 복잡한 메시지들은 아주 짜증나고 거북스럽게 느껴질 수 있다. 시청각 매체는 그 메시지가 이해되기만 한다면 아주 효과적인 설득원이 될 수 있으며, 인쇄 매체보다 더 큰 수확을 얻을 수 있다.

## 요약

이 장에서는 설득의 주요 요인들에 관하여 살펴보았는데, 정보원, 메시지, 청자, 그리고 설득적 의사 전달의 매체들이 그것이다. 정보원에 관하여 나는 의사 전달자의 신빙성과 매력의 효과들을 검토하였다. 설득적 의사 전달의 가장 명백한 요소는 메시지 자체이다. 메시지의 구조, 내용, 그리고 조직에 따라 그 영향력이 결정된다. 표적 청자의 특성들, 즉 지능이나 자존감, 그리고 기존 태도와 같은 것들은 정보원이나 메시지 요인 두 가지 모두와 상호작용한다. 마지막으로, 이 장에서 필자는 전달 매체가 설득적 메시지의 효율성에 미치는 효과들을 살펴보았다. 이것은 설득의 중요한 면임에도 불구하고 심리학자들로부터 연구적 관심을 비교적 많이 받지 못하였다. 전반적 결론은 이러한 요인들이 상호 연관되어 있으며, 효율적인 설득적 의사 전달을 위해서는 이 모든 요인들이 고려되어야 한다는 것이다.

## 더 읽을거리

Bryant, J. and Zillmann, D. (eds) (1994) *Media effects: advances in theory and research.*. Hillsdale, NJ: Erlbaum. 설득을 매체 효과의 보다 넓은 맥락에 놓고자 한 흥미로운 시도로써 보다 중점적인 심리학적 설명들에 대한 보충 자료로서 유용하다.

Shavitt, S. and Brock, T. C. (eds) (1994) *Persuasion: psychological insights and perspectives.* Boston, MA: Allyn & Bacon. 주요 연구자들이 각기 아주 적절한 장들을 집필한, 매우 읽기 쉬운 책이다.

Stiff, J. B. (1994). *Persuasive communication.* New York: Guilford Press. 여러분이 만약 단 한 권의 교과서만 더 읽고 싶을 때 읽어야 할 책이다. 설득에 관한 이론과 연구에 관하여 읽기 쉽고, 자세하며, 체계적으로 설명해 놓았다.

6장

# 현대 설득 이론들



Chapter 6

## 서론

이 장에서 나는 태도와 설득에 관한 두 가지 주요한 이론적 설명들에 관해 살펴보겠다. 첫째는 Ajzen과 Fishbein(1980)의 이성적 행동 이론이다. 내가 앞에서 건강과 관련된 태도에 있어서의 주관적 유용성의 기대치 모형(Subjective Expected Utility Model)에 관하여 이미 설명하였기 때문에 이 일반적인 이론은 친숙해 보일 것이다. 이것은 행동주의적 전통에 뿌리를 둔 것으로 보이며, 부분적으로는 태도의 고전적인 삼자 모형(triadic model)에 대한 전반적인 불만족에서 나왔다. 내가 두 번째로 검토할 이론은 설득의 정교화 가능성 모형(Elaboration Likelihood Model)(Petty & Cacioppo, 1981; Petty & Wegener, 1999)이다. 이 정보 처리 이론은 태도 이론의 인지적 전통에 공고히 뿌리를 두고 있는 것으로 보인다. 두 이론은 각기 장점을 가지고 있으며, 그것들이 정확히 무엇을 성취하고자 하는가에 있어 차이가 난다. Ajzen과 Fishbein은 태도의 일반적 이론을 제시하고 있으며, 평가적 차원을 그들 이론의 중심에 확실히 두고 있다. 이 모형은 아주 명확하게 상술되어 있기 때문에, 연구자들은 여러 가지 요소들이 설득과 태도 변화 과정에 미치는 영향을 알아 볼 수 있었다. 그들 이론의 이름이 시사하듯이, Ajzen과 Fishbein은 태도와 관련된 의도된 행동들에 주로 관심이 있었다. 반면에, 정교화 가능성 모형은 설득적 의사 전달의 인지적 효과들에 직접 초점을 맞추고 있으며, 이전의 연구가 실제로는 설득의 두 가지 다른 유형들을 검토하고 있었다는 점에 주목하여 나왔다. 한 가지는 이성적이며 수용자 편에서의 많은 메시지의 처리를 필요로 하는 반면, 다른 하나는 덜 직접적이며 외모나 지위와 같은 여러 단서들에 의거한다. 후자의 이러한 휴리스틱(heuristic) 접근 방법은 많은 양의 정보 처리에 드는 노력을 피하고, 보다 간단하고 직접적인 수용이냐 거부냐의 결정을 더 선호한다.

## Ajzen과 Fishbein의 이성적 행동 이론

이 이론은 상식적인 것으로 보이지만 그것은 수학적 형식으로 제시될 수 있고, 그 구성 요소들의 측정을 용이하게 하는 방식으로 구성될 수 있다. 이 이론은 그러한 과학적인 면에서 큰 이점을 가지는데, 즉 이것이 틀렸음을 증명하는 것이 가능하다. 이 모형에서 제시되는 기본 등식들의 대부분이 대체로 우리가 어떤 사람의 태도의 요소들을 분석할 수 있도록 해준다. 태도의 평가뿐 아니라 태도의 중요성 또한 알아낼 수 있으며, 그리고 태도에 그 중요성을 부여하는 요소들 또한 밝혀질 수 있다. 그것은 이 모형이 태도 변화가 여러 가지 방법으로 이루어질 수 있음을 인정하고 있다는 것이며 또한 여러 요소들이 중요할 수 있다는 것을 의미한다. 이 점은 이 모형을 보다 자세하게 설명한 다음의 예에서 분명해질 것이다.

Ajzen과 Fishbein의 모형은 그것이 태도와 주관적 규범이라는 단지 두 가지 주요 요인들(그것들이 다시 세분되긴 하지만)만 포함한다는 것 때문에 흔히 너무 단순하다는 비판을 받는다. 이 두 가지 요소들은 각기 다른 상황에 따라 다른 비중을 가지게 된다. 어떤 상황에서는 태도들이 주관적 규범들보다 행동 의도의 더 중요한 결정 요소들이 될 수 있고, 다른 상황에서는 개인적 태도에 맞게 행동하는 것보다는 규범적 방법으로 행동하는 것에 더 비중이 주어질 수 있다.

이 모형이 상황적, 인구 통계학적, 혹은 성격적 영향들과 같은 다른 요인들을 염두에 두지 않는 것이 아니라는 점을 알 필요가 있다. 단지 여기에서는 그것들이 두 가지 주요 요소들에 의해 중재되는 것으로 본다. 아마도 어떤 성격 유형들은 사회 규범적 압력에 더 비중을 둘 것이며, 어떤 평가적 신념들이나 개인적 가치들은 당신이 자란 혹은 지금 살고 있는 사회경제적, 종교적 혹은 인종적 맥락을 반영하는 것일 수 있다. 이 이론은 현재로서는 사람들의 이성적 행동에 대한 설명을 제공함에 있어 태도와 주관적 규범보다 더 일관성 있고 확실하게 도움을 주는 다른 어떤 변인들도 밝혀지지 않았다고 주장한다.

## 행동 의도

기본적으로 이성적 행동 이론이 목표로 하는 것은 신념을 태도에, 태도를 행동 의도에, 그리고 행동 의도를 실제 행동에 연관시키는 것이다. 이것은 제4장에서 논의된 것과 같이 여러 연구들에서 흔히 발견되는 태도와 행동 간의 미약한 관련성에 의해 제기되는 문제들에서 벗어날 가능성이 있는 아주 좋은 방법이 될 수 있다. 좀더 들어가기 전에, 이쯤에서 이 이론에서의 강조점은 행위(act)에 대한, 행동(behaviour)에 대한 태도들이지, 직접 그 대상에 대한 태도들이 아니라는 것을 강조해 둘 필요가 있겠다. 예를 들어 내가 이 책에 대한 당신의 태도를 알고자 한다면 한 대상으로서의 이 책에 대한 당신의 태도가 아닌, 이 책을 읽는 것에 대한 당신의 태도를 보고자 할 것이다. 책 자체는 여러 가지 용도로 사용될 수 있으며, 그것에 대한 당신의 태도는 그 용도에 따라 달라질 것이다.

행동 의도는 행동에 선행한다. 그러나 의도가 실행되기 전에 다른 요인들이 개입된다. 내가 집을 나설 때는 어느 특정 일간지를 사려고 했지만, 그 경쟁지의 머릿기사 제목을 보고 대신 그것을 사기로 결정할 수 있다. 혹은 내가 가게에 가는 도중에 돈을 잃어버릴 수 있다. 혹은 가던 길에 자선 모금을 하고 있는 사람을 보고 좋은 목적을 위해 돈을 줄 수도 있다. 행동 의도가 실행되는 데에 여러 가지가 걸림돌이 될 수 있다. 이러한 문제를 극복하는 것이 태도-행동 논의에서 해결되어야 할 주요 문제점들 중의 하나이다. 이것은 분명 현명한 해결책으로 보인다. 행동 의도는 보통 외현적인 행동보다는 표현된 태도들과 훨씬 더 강하고 확실한 연관을 갖는다.

행동과 행동 의도 간의 관계에 있어 두 가지 요인들이 지극히 중요한 것으로 보이는데, 그것은 즉, 행동 의도의 표현과 실제 행동 간의 시간적 간격, 그리고 행동 의도와 실제 행동이 얼마나 구체적으로 표현되는지 그 특정성(specificity)의 정도이다.

**당장 할 것!**

행동 의도의 표현과 실제 행동 간의 시간적 간격이 클수록 의도가 행동으로 표현될 가능성이 적다는 주장은 상당히 일리가 있는 것으로 보인다. 확실히, 내가 의도의 실행을 지연시킬 경우 그 사이에 여러 가지 영향들이나 주의 분산에 의해 나의 태도, 우선 순위, 그리고 의도가 바뀔 수 있는 틈을 주게 된다. 내가 어떤 상표의 초콜릿을 사기로 결정했지만 광고를 보고 다른 상표를 고를 수도 있고, 혹은 그 사이에 식사를 하고 그리고 나서 전혀 초콜릿이 먹고 싶지 않을 수도 있다. 이런 것들이 일화적인 예들이긴 하지만, 당신은 설득적 의사 전달(제5장)에서의 공포의 역할에 관한 경험적 연구들에 대하여 내가 논의했던 것을 기억할 것이다. 그것 또한 행동 의도가 보다 신속히 실행될수록 그것이 실제 행동을 더 잘 예언해 준다는 것을 확인해 주었다. 치아 위생을 잘 돌보지 않았을 때의 결과에 대하여 겁을 먹게 된 사람들의 경우, 그냥 앞으로 치과 의사한테 갈 예약을 하겠다는 의도만 나타낸 경우보다는 즉시 예약을 하라고 권유받았을 때에 실제로 치과 의사를 찾아볼 가능성이 더 높다.

### 특정적일 것!

이성적 행동 이론의 한 가지 중요한 면은 요인들이 특정성(specificity)에 있어 같은 수준에서 측정되어야 함을 강조한다는 것이다. 일반적인 상품 유형(예를 들어 간편 식품 같은)에 관한 어느 소비자의 태도는 어느 특정 상품을 특정의 날, 특정 가격에 구입하는 것을 예언하는 데에는 좋은 근거가 되지 못할 것이다. 자기는 소수 인종에 속한 친구를 두고 있기 때문에 편견을 가지고 있을 리 없다고 주장하는 것을 들은 적이 있는 사람이 우리들 중에도 얼마나 많은가? 일반적인 것으로부터 특정의 것을 논하는 것은 분명히 오류가 있다. 어떤 큰 기계가 무겁다고 해서 그 각 부품들이 무겁다는 것을 의미하는 것은 아니다! 태도가 보다 정확히 측정될수록 그것이 특정의 행동 의도와 관련될 가능성이 높다. 또한 행동 의도가 보다 특정화 될수록 그것이 실제 행동을 더 잘 예언해 줄 가능성이 높다.

행동 의도와 행동이 특정성에 있어 같은 수준에서 측정되어야만 그 결과가 유용할 수 있다. 체중 감량 프로그램에 관한 연구에서, Ajzen과 Fishbein(1980)은 이성적 행동 이론에서의 특정성의 중요성을 보여주었다. 비만은 흔한 문제로서 식이요법과 신체 운동이 체중 감량에서 중요하며, 두 가지 모두가 고려되어야 한다. 물론 식이요법과 운동은 일반적인 범주들로서, 우리가 이미 알고 있듯이 그것들은 다루기가 힘들 수 있다. 따라서 체중을 줄이려는 의도에 관한 일반적 측정, 그리고 식이요법과 운동을 하려는 의도에 대한 일반적 측정들뿐 아니라, 그 각각의 일반적 항목에 속한 특정의 행동들이 결정되었다. 행동 의도에 대한 특정한 측정의 예로서, 피험자들은 '나는 앞으로 두 달간 끼니 사이에 그리고 밤에 간식을 먹는 것을 피하고자 한다' 그리고 '앞으로 두 달간 조깅이나 미용 체조 같은 운동을 정기적으로 하고자 한다'와 같은 항목들을 평정하였다. 전체적인 결과는, 식이요법을 하려는 의도와 운동을 하려는 의도 모두가 특정 행동 의도와 관련되며, 그것은 다시 실제 행동과 관련된다는 것이었다. 반면에 식이요법을 하려는 그리고 운동을 하려는 일반적 의도들은 실제 행동들과는 훨씬 덜 밀접하게 관련되어 있었다. 물론, 단지 여기에서 보여주는 것은 행동 의도가 실제 행동으로 어느 정도나 옮겨지는가이다. 이 연구는 더 나아가 이러한 행동들이 실제 어느 정도나 체중 감량의 결과를 가져 왔는지를 살펴보고 있다(식이요법은 아주 성공적인 듯했으며 체중 감량의 의미있는 예언 변인이었으나 운동은 그렇지 못했다). 그러나 당신이 하고자 하는 행동이 당신이 원하는 결과를 실제로 가져다 줄 것인지, 아닌지는 물론 또 다른 문제이다!

## 행동에 대한 태도들

어느 행동에 대한 태도 자체는 평가적으로 비중이 매겨진 일련의 신념들의 합으로 볼 수 있다. 좀더 구체적으로 말하자면, 신념이란 어느 행동이 어떤 목적이 되는 가치나 목표와 관련된다는 것에 대한 지각된 가능성이다. 예를 들어 나는 아스피린을 먹는 것이 두통을 해소시킬 것이라는 강한 신념을 가질 수 있다. 그러나 이것은 또한 내게 어떤 가치를 가질 것이다. 나에게 두통이 있을 경우 그것을 없애는 것은 아마도 나에게 커다란 가치를 가질 것이다. 따라서 평가적으로 비중이 매겨진 이러한 신념은 나의 의도적 행동의 중요한 결정 요소가 된다. 내게 두통이 있을 경우 내가 아스피린을 복용할 의도를 아마도 상당히 강하게 가질 것이다. 물론 다른 신념들은 덜 강할 것이다. 나는 또한 단지 수분 섭취를 늘림으로써 두통이 나아질 것이라고 믿을 수도 있다. 그러나 그 가능성이 더 낮아서 내가 아스피린 복용이라는 대안을 택할 가능성이 더 많다. 물론 어느 태도가 평가적으로 비중이 매겨진 한 가지 신념으로만 구성된 것은 아니다. 또한 내가 약을 복용하는 것을 삼가하고자 할 수도 있고, 따라서 평가적으로 비중이 매겨진 그러한 신념들이 또한 그 등식에 첨가되어야 할 것이다. 우리가 어느 행동에 대하여 가지고 있는 여러 긍정적, 부정적 신념들을 모두 합할 때에만 우리는 전체 태도의 명확한 그림을 볼 수 있다.

그렇다면, 어떻게 우리가 행동에 대한 태도를 측정할 수 있는가에 대하여 위에서 기술한 것이 실제로는 어떻게 작용하는가? 흔히 연구자는 처음에 어느 주어진 행동, 예를 들어 X당(당신이 원하는 정당을 써넣는다)에 투표하는 것과 같은 행동에 대한 일련의 신념들을 알아낸다. 그리고 각각의 신념은 신념 강도(그것이 일어날 가능성)에 따라 평정된다. 예를 들어 정당에 대한 진술의 경우, '이 당에 투표하는 것은 세금의 증가를 가져올 것이다'와 같은 것일 때, 피험자들에게 그것을 -3(매우 가능성이 낮은)에서 +3(매우 가능성이 높은)까지의 7점 척도상에서 평정하게 한다. 신념에 부여된 가치(세금의 수준이 그들에게 얼마나 중요한가)를 평가하기 위하여 그들에게 유사한 척도를 준다. 각 신념에 대한 평정치를 평가적 평정치로 곱하여 그 진술에 대한 점수를 산출한다. 모든 진술의 점수를 합하면 전체 태도 점수를 얻게 된다.

이러한 예들로서 당신은 신념의 강도와 그것에 대한 평가, 그 두 가지가 태도의 결정 요소들임을 볼 수 있을 것이다. 이것의 의미는 우리가 이러한 결정 요소들 중 하나 혹은 두 가지 모두를 바꿈으로써—즉 어느 행동에 대한 그들의 신념들을 바꾸거나 그 신념들에 대한 그들의 평가를 바꿈으로써—어떤 사람의 태도를 바꾸는 것이 가능하다는 것이다. 어느 약이 10%의 효과가 있다고 들었을 때에 비하여 약효가 100% 확실하다고 들었을 경우, 병을 치료하기 위해 약을 복용하는 것에 대한 나의 태도는 매우 다를 것이다. 또한 그 약이 병을 단지 부분적으로 완화시키는 것이 아니라 완치시킨다고 할 경우, 그 약을 먹는 것에 대한 나의 태도는 달라질 것이다.

### 신념의 특출성(salience)

이미 말했듯이, 어떤 사람이 어느 행동에 대하여 가질 수 있는 신념들의 수는 거의 무한할 수 있다. 그것들을 모두 알아내고 측정하기란 불가능할 것이다. 다행히도 이성적 행동 이론은 우리에게 그것을 요구하지 않는다. 단지 여기에서 요구되는 것은 태도가 측정되는 그 당시에 그 사람에게 두드러지고 특출한 신념들을 다루는 것이다. 예를 들어 흡연자는 흡연에 대하여 그들이 가지고 있는 중요한 신념들, 그리고 그 행동의 긍정적, 부정적 결과들에 대한 평가에 있어 비흡연자와는 다르다(van Harreveld et al., 1999).

구체적으로 말해 특출성은 그 행동에 대한 주관식, 즉 비지시적인 질문에 대하여 어떤 사람이 처음에 보고하는 신념들이라고 흔히 정의된다. 여기에서 어떤 사람에게 어느 신념들이 중요한가 혹은 어떤 신념들이 고려되어야 하는가라고 묻지 않는다는 점에 주목해야 한다. 여기에서 단지 요구하는 것은 질문을 받았을 때 가장 먼저 마음에 떠오르는 신념들과 연상들을 보고하라는 것이다. 어느 신념이 처음에 보고되었다는 사실은 그것이 그 사람에게 특출한 것을 의미한다는 것으로 받아들여진다. 사실, 응답자들이 그들의 신념들을 보고하는 순서는 질문을 받은 당시 어떤 신념들이 그들에게 가장 의미 있는지를 우리에게 말해 준다. 경험적 증거에 의하면 이런 방식으로 처음에 보고된 7개 정도의 신념들이 태도를 형성하는 데 있어 가장 영향력이 있는 것으로 보인다. 이것은 단기 기억의 본래적 한계를 반영하는 것일 수 있다.

물론, 시간이 지나면서 혹은 상황적 요인들 때문에 신념들의 특출성이 달라질 수 있다. 그리고 이것이 우리가 때로 사람들의 태도에서 보는 어떤 변화들이나 비일관성을 설명해 준다. 이것은 우리가 이전에 논의했던(제2장 참조) 의제 설정(agenda-setting)의 개념과 별로 다르지 않은 생각이다. 어떤 신념들을 특출하게 만들어줌으로써 어떤 사람의 태도, 그리고 그들의 행동에도 영향을 줄 수 있는 것이다(Iyengar & Kinder, 1987).

### 종합하기—한 가지 예

어떻게 태도를 평가하는지 그 기제를 보여주기 위하여, 친구들이랑 카레를 먹으러 가는 가설적인 예를 사용하겠다. 이것에 관하여 어떤 사람에게 질문을 해서 아래에 나온 것과 같은 네 가지의 특출한 신념들을 알아내게 되었다고 가정해 보자. 그리고 나서 우리는 그 사람에게 각 신념들에 대하여 그것이 일어날 가능성(B), 그리고 그 중요성 혹은 평가(E)에 대하여 평정하게 한다. 그 결과가 아래의 표와 같이 나올 수도 있을 것이다. 카레를 좋아할 가능성이 꽤 높다고 이 응답자가 믿는 것 같은데, 이것은 아주 중요한 사항이다. 그것보다 더 가능성이 높으면서 마찬가지로 중요한 것이 친구들과의 동석을 즐길 것이라는 것이다. 또한 그 사람이 식사를 하면서 술을 한 잔 즐길 가능성, 음식값이 비싸지 않을 가능성도 있다. 그러나 이것들은 아주 중요한 사항은 아니다.

전반적으로, -36에서 +36까지 갈 수 있는 척도에서 +23이라는 점수는 중간 정도로 긍정적인 태도를 표시한다. 여러분이 직접 몇 가지 신념들과 평가들을 조정해 보고 거기에 따라 전체 태도 점수가 어떻게 달라지는지 살펴보아라. 그러나 이처럼 비교적 긍정적인 태도를 가졌음에도 우리는 아

친구들과 카레를 먹으러 가는 것에 대한 태도

| 신념 | B | E | B×E |
|---|---|---|---|
| 음식맛을 즐길 것이다 | 2 | 3 | 6 |
| 친구들과의 동석을 즐길 것이다 | 3 | 3 | 9 |
| 식사에 곁들인 술을 즐길 것이다 | 2 | 2 | 4 |
| 음식값이 비싸지 않을 것이다 | 2 | 2 | 4 |
| | | 합계: | 23 |

직도 실제로 카레를 먹으러 가지 않을 수도 있다. 아마도 내일 있을 세미나를 준비하기 위해 그 날 밤에는 나가지 않고 집에 있을 것으로 우리에게 기대된다고 느낄 수 있다. 그러므로 이제는 행동 의도에 영향을 주는 두 번째 요소인 주관적 규범으로 넘어가도록 하자.

## 주관적 규범

이성적 행동 이론의 태도 요소가 분석될 수 있는 것처럼 그 주관적 규범의 요소 또한 분석될 수 있다. 그러나 이 부분에 대한 연구는 훨씬 적게 이루어졌으며, 좀더 분명하고 자세하게 밝혀지지 않은 것 같다.

사람들이 가지는 주관적 규범들의 첫째 요소는 그들의 사회규범적 신념들이다. 이것은 사람들이 자신과 관련이 있고, 자기에게 중요한 이들이 자신들이 어떻게 행동하기를 기대하는가에 대한 스스로의 믿음이다—즉 다른 사람들이 그 행동을 승인할 것에 대한 지각된 가능성이다. 둘째 요소는 그들이 거기에 따르고자 하는 동기이다. 자신들에게 무엇이 기대되고 있는지 정확히 알고 있으나 거기에 따를 의사가 거의 없는 10대들을 우리 모두 적어도 몇 명은 알고 있지 않은가. 정말로, 어떤 때는 절대로 거기에 따르지 않고자 하는 것이 동기가 된다!

주관적 규범의 요소에 어려움이 있다는 점, 특히 따르고자 하는 동기의 요소, 그리고 가장 뚜렷한 것으로서, 측정에 있어서의 문제점들은 널리 수긍이 되고 있다. 주관적 규범 등식에서의 각 요소들이 태도적 신념이나 평가들의 측정에서 기술된 것과 유사한 척도상에서 측정될 수는 있다. 그러나 동기적 요소를 이런 방식으로 측정하는 것은 특히 문제가 될 수 있어 어떤 때는 그냥 이것을 생략해 버린다.

## 이성적 행동 이론에 대한 비판

이성적 행동 이론에 대한 일부 비판들을 살펴보기 전에, 이 이론을 지지해 주는 경험적 증거들 또한 지난 몇십 년간 상당한 양이 축적되었음(Eagly & Chaiken, 1993)에 주목할 필요가 있다.

상당히 오랜 기간 지속된 이론의 경우가 항상 그러하듯이 이 이론에 대하여도 꽤 많은 비판들이 제기되었다. 어떤 것들은 이 이론을 잘못 해석한 것으로서 별 고려의 여지없이 즉시 거부되었으며(예, Miniard & Cohen, 1981), 다른 비판들은 좀더 본질적인 것들이었다. 이 절에서 나는 좀더 설득력 있는 비판들 중 일부를 살펴보겠다.

### 이성적 행동의 한계

몇몇 학자들은(예, Sarver, 1983; Sutton, 1987) 이성적 행동 이론의 중요한 한계는 이것이 감정의 폭발이나 잘 학습된 자동적 기술들, 습관적 행동(마약 중독 같은) 등과 같이 좀더 즉흥적인 다른 행동들에는 적용되지 않는 것이라고 주장하였다. 이러한 생각을 발전시켜, Fazio와 Towles-Schwen (1999)은 태도와 행동 간의 관계는 두 가지 형태를 취하는 것인지 모른다고 주장하였다. 첫 번째 형태에서는, 먼저 대가와 이득을 명백히 분석한 후 어떤 특정의 행동이 선택되며, 기존의 태도들이 고려된다. 두 번째 형태에서는, 행동은 보다 즉흥적일 수 있으며, 태도는 근본적으로 배경에 머물러 그것의 영향은 그 사람에 의해 거의 인지되지 않을 수 있다. 이 이론의 한계들을 조명해 보는 것도 의미가 있긴 하지만, 애초에 Ajzen과 Fishbein은 이 이론으로 단지 신중하고 이성적으로 선택된 행동들을 설명하고자 하였다. 따라서 문제는 우리가 숙고된 형태의 행동과 즉흥적인 형태의 행동을 실제로 어느 정도나 구분할 수 있는가 하는 데에 있을 수 있다. Liska(1984)는 의지적 행동(기술이나 능력, 기회, 협조를 요하지 않는), 즉 이성적 행동 이론이 설명하고 있는 이러한 행동을 다른 형태의 행동들로부터 구분하는 일은 간단하지도 않으며 또한 이것은 공격받기 쉽다고 주장하였다. 그의 주장에 의하면 행동이란 의지적인 것과 비의지적인 것이라는 두 가지의 분명한 범주 내에 속하는 것이 아니라 하나의 연속선상에 위치하는 것이다. 또한, 자원—물질적인 것이든 개인의 능력이나 기술이든—이 중요한 요소가 될 가능성이 높으므로 그것을 포함시켜야 한다. 이 장에서 나중에 논의될 계획된 행동 이론이 지각된 행동 통제라는 요인을 편입시킴으로써 어떻게 이러한 비판을 수용하는 쪽으로 어느 정도 기울게 되었는지에 주목해 보면 흥미롭다.

### 행동 의도에 대한 장애

이성적 행동 이론은 행동 의도가 표현되는 것을 가로막는 요인들에 대하여 충분한 고려를 하지 않는다는 주장이 있었다(Sarver, 1983). 그것은 여러 가지 예기치 않은 상황들, 실제 장애들, 혹은 선택 가능하게 된 좀더 좋아 보이는 다른 대안들 등 여러 가지가 될 수 있다. 등식에서 나온 결과에 대하여 좀더 조심스러워야 한다는 것은 아마도 사실일 것이다. 그러나 그렇다고 해서 그것이 이미 이루어진 이론 구성의 가치를 떨어뜨리는 것은 아니다.

좀더 경험적인 비판으로 넘어가서, Shepherd와 O'Keefe(1984)는 이성적 행동 이론의 태도적 요소와 규범적 요소가 행동 의도에 끼치는 영향에 있어 어느 정도나 정말로 구별되는 두 개의 실체들인지를 검토하였다. 그들은 두 요소들 간에 뚜렷한 상관 관계가 있음을 발견하였는데, 그것은 흔히 각 요소와 행동 의도 간의 상관 관계보다 더 높았다. 이러한 결과를 지나치게 일반화하는 것은 현명치 못한 일이겠으나, 어쨌든 이 모형의 규범적, 그리고 태도적 요소들이 항상 명확하게 구분될 수는 없는 것으로 보인다.

### 단순화의 대가

이성적 행동 이론에 대한 보다 중요한 비판적 검토는 Liska(1984)에 의해 이루어졌다. 첫째, 그는 이 이론이 모형을 태도와 주관적 규범이라는 두 가지 변인들로 좁힘으로써 문제를 일으키게 되었다고 주장한다. 많은 다른 요인들이 이 두 가지 주요 요소들을 통하여 작용하는 것으로 보이기 때문에, 이 주요 변인들은 덜 안정적이게 된다. 그러나 이러한 다른 요인들을 따로 구별해내게 될 경우, 이 모형은 그 주요 장점들 중 하나인 단순성을 더 이상 가지지 못하게 된다. 신념에 관하여서 Liska는 단순히 어의를 변별하는 타입의 척도들에 의존하기보다는 그 측정에 있어 보다 세련되고 다중-방법적인 접근이 좀더 적절할 것이라고 시사하고 있다. 신념은 한 가지의 단순한 감정적 차원에서 측정하기에는 너무 복잡한 것인지 모른다. Liska는 좀더 세련된 측정 기법은 신념이 태도를 통해서 뿐 아니라 행동 의도와 행동에 직접 영향을 준다는 것을 보여줄지 모른다고 주장하고 있다. 마찬가지로, 태도는 또한 신념 외의 다른 요인들의 결과일 수 있다(예, 조건화의 결과). Liska는 또한 등식에서 행동 의도를 태도와 행동 간의 중재원으로 사용한 것에 대해 논하고 있다. 그는 행동 의도 혹은 다른 요소들이 행동을 더 잘 예언해 주는지 여부에 있어 연구들 간에 일관성이 없다고 주장한다. 흔히 실험실 연구들은 행동 의도를 지지해 주는데 비해, 현장 연구는 그렇지 못하다. Liska는 행동 의도가 태도의 효과를 완전히 다 중재하는 것은 아니며 불안정할 수 있다고, 즉 그것은 상황적 요인들에 의존하며 측정하기까지의 시간 간격이 클수록 그 예측이 어려워진다고 주장한다. 이것이 그 옛날 태도-행동 논의의 아름다운 기억을 되살려 주지 않는가! 마지막으로, Liska는 이성적 행동 이론이 행동이 태도에 미치는 영향(인지 부조화 같은 유형의 효과들)에 관하여 거의 이론적 관심을 보이지 않았다는 것을 비판한다. 그러나 Ajzen과 Fishbein이 그러한 상호적 효과가 존재한다는 것에 대하여 이의를 제기한 것은 아니다. Liska는 이러한 상호적 효과는 간단히 무시될 수 있는 것이 아니며, 그것들이 고려되지 않을 경우, 행동 의도가 행동에 미치는 효과는 편향된 평가가 될 것이라고 주장하고 있다.

이성적 행동 이론에 대한 Liska의 비판들, 특히 행동 의도 요소가 중심적 위치를 차지하는 것에 대한 그의 공격은 중요하다. Davis(1985)의 연구는 이러한 Liska의 생각을 시험해 보고자 하였다. Davis가 Liska를 일부 지지해 주는 경험적 증거를 발견하기는 했으나 행동 의도가 그 중심적 중요성을 잃는 것을 발견하지는 못하였다.

일부 이론가들은 일차원적인 이성적 행동 이론의 대안으로서 이 요소 모형, 즉 태도의 인지적, 그리고 평가적 요소를 각기 강조해 주는 모형을 만들어 내고자 하였다(예, Bagozzi & Burnkrant, 1985). 그러나 그러한 재개념화를 지지해 주는 연구들은 방법론적, 통계적인 문제로 심한 비판을 받았다(Dillon & Kumar, 1985).

## 그 후의 발전—계획된 행동 이론

여러 해에 걸친 많은 비판에도 불구하고, 이성적 행동 이론은 아직도 건재하다. 그러나 그것은 보다 새롭고 좀더 복잡한 모습을 취하게 되었는데, 바로 그것이 계획된 행동 이론이다. Rogers(1975, 1983)의 보호 동기 이론에서 이 이론의 초기 형태에 가해진 중요한 수정이 '자기-효력'(self-efficacy)—문제 처리에 필요한 반응들을 자기가 효과적으로 실행할 수 있다고 믿는 정도—이라는 요인을 포함시킨 것이었음을 여러분은 기억할 것이다. 계획된 행동 이론은 원래의 이성적 행동 이론에 그와 유사한 수정을 한 것이다. 계획된 행동 이론(Ajzen, 1985)은 행동 의도와 실제의 행동에 영향을 주는 것으로서의 지각된 행동 통제의 역할을 강조하고 있다. 필요한 행동을 하기 위한 자신의 능력에 대한 그 사람의 자신감(혹은 그것의 결여)은 그 사람이 그 행동을 취하기로 선택하고 그것을 성공적으로 실행할 것인지 아닌지를 결정하는 중요한 요소가 될 수 있다. 어떤 행동을 실행할 수 있는 자신의 능력에 대하여 확신이 없는 사람의 지각된 행동 통제는 자기의 인적 자원—자기의 능력, 자존감과 자신감, 그리고 성공하기 위해 필요한 돈과 시간 등—에 대한 그 사람의 지각에 의해 영향받을 수 있다. 예를 들어 스포츠 분야에서 재능이 있음에도 경쟁에서 계속 2등만 할 뿐, 한 번도 마지막 장애를 넘어 완전히 승리하지 못하는 선수에 관하여 우리는 흔히 듣게 된다. 아마 적어도 그러한 실패의 부분적 이유는 자신의 행동 통제력에 대하여, 그리고 거기에서 요구되는 수준으로 수행해내고 승리할 수 있는 자신의 능력에 대하여 그들이 마음 속에 가지고 있는 작은 의구심 때문일 것이다. 식이요법이나 알코올 혹은 마약 중독자 재활 프로그램에서 성공을 거두고자 하는 사람들에게서도 비슷한 예를 들 수 있다. 이성적 행동 이론과 계획된 행동 이론을 비교한 연구들에 의하면, 보다 확장된 계획적 행동 이론이 이성적 행동 이론보다 행동 의도를 더 잘 예언해 준다(Madden et al., 1992).

## 설득의 정교화 가능성 모형(Elaboration Likelihood Model)

내가 앞에서 메시지의 여러 특성들이 그것의 기억과 유지에 미치는 영향에 대하여 논의한 바 있지만, 실생활에서 그러한 것들이 태도와 행동에 미치는 영향은 비교적 적을지 모른다. 우리는 대부분의 광고들이 상당히 이해하기 쉽다고 생각하지만, 그러나 그것이 우리를 반드시 설득하지는 않는다. 그렇다면 어떤 점이 차이를 가져 오는가? 몇몇 이론가들은 여기서 중요한 것은 설득적 메시지가 인지적으로 처리되는 방식이며, 이것은 그 영역에 대한 우리들의 개입, 지식, 그리고 관심에 의해 결정된다고 주장하였다.

태도 변화에 대한 이러한 접근은 설득 상황에서 일어나는 생각들이 어떤 태도 변화에 있어서든 중요한 결정 요소들이 되리라는 것을 강조한다. 이 때 일어나는 생각들이 긍정적인 것이라면 그것들이 옹호되고 있는 방향으로의 태도 변화를 촉진할지 모른다. 그러나 만약 그것들이 부정적이라면 옹호되고 있는 것에 실제로 반대되는 효과를 가져올 수 있다. 이러한 아이디어는 제5장에서 논의했던 심리적 저항의 개념과 밀접히 연관되어 있다.

### 인지적 반응의 측정

설득에 관한 많은 인지 이론들이 있으며, 또한 인지 반응의 적절한 측정이란 어떠한 것인가에 대하여도 많은 아이디어들이 나와 있다. 널리 수용되고 있는 한 가지 접근 방법은 생각 나열 기법(thought listing technique)이다. 이 접근 방법에서는 피험자로 하여금 설득적 의사 전달에 노출되기 전, 노출되는 동안, 노출된 후에 자기 마음에 떠오른 모든 생각들을 정해진 시간 안에 나열하게 한다. 그리고 나서 실험의 목적을 모르고 있는 다른 피험자들이나 심판관들에게 실험의 목적에 적절한 한 가지 혹은 그 이상의 차원들에 따라 그 반응들을 나누게 한다. 예를 들어 설득적 의사 전달에 대하여 우호적, 비우호적, 혹은 중립적 생각으로 범주를 나누게 한다.

생각 나열 기법은 인지 반응 연구에서 여러 가지 모습으로 사용되었다. 그것은 주요 결과 측정치로, 실험적 조작이 효과적이었는지를 점검하는 것으로, 그리고 설득을 중재하는 과정들의 측정치로 사용되어 왔다.

## 인지적 노력과 능력

인지 반응 이론의 한 가지 주요 원리는 메시지를 처리하고자 하는 동기가 사람들의 정보 처리 유형에 영향을 줄 것이라는 것이다. 그러한 영향은 위에서 말한 생각 나열 기법에 반영될 것이다. Petty와 Cacioppo(1986)는 어떤 문제에 대한 높은 수준의 개입 등과 같은 조건들이 그 사람으로 하여금 설득 메시지의 내용과 질에 대하여 좀더 세심한 주의를 기울이게 할 것이라고 주장한다. 다시 말해, 이러한 조건하에서는 사람들이 보다 많은 인지적 노력을 기울일 것으로 기대되며, 그리고 그것이 생각 나열 기법에서 메시지에 적절한 생각들을 몇 개나 이끌어낼 수 있는가에 반영될 것임에 틀림없다. 좀더 구체적으로, 학생들에게 시험 감독 없는 시험을 더 널리 실시할 것을 주장하는 설득적 메시지가 있다고 가정해 보자. 당신이 학생이 아닌 한 그 메시지에 별로 주의를 기울이지 않을 것이다. 그러나 만일 학생이라면 아마도 그것을 정말 아주 면밀히 살펴볼 것이다.

어떤 사람이 설득적 메시지의 처리에 들이는 인지적 노력의 양에 영향을 주는 요인들이 무엇인지를 조사함으로써, 어떠한 조건들하에서 메시지의 논점의 질이 설득에 있어 중요한 요인이 될 것인지를 밝힐 수 있다.

그리고 물론 그 반대도 적용되는데, 즉 어떤 조건의 경우 메시지의 질 외에 다른 요인들(예, 정보원의 특성들)이 설득의 주요 결정 요소가 되는지를 알아낼 수 있다.

인지적 노력의 예로서, 설득적 의사 전달에서 여러 정보원들을 밝혀주었을 때의 결과들에 관하여 연구한 것을 하나 살펴보자. 모든 주장들이 한 정보원에 의해 제시되었을 때보다는 각기 다른 정보원들에 의해 여러 가지 주장들이 제시될 때 더 많은 설득이 일어난다는 것이 자주 발견된다. Harkins와 Petty(1981)의 연구에서는 정보원이 여럿일 경우에 피험자들이 메시지와 관련된 생각들을 좀더 많이 보고한다는 것이 발견되었다. 이것이 의사 전달자에게 유리할 수도 있고 아닐 수도 있다. 주장들에 보다 많이 주의를 기울임으로써 부정적인 생각들이 좀더 많이 일어나게 되어, 주장들이 약할 경우 그것을 거부할 수 있다. 여러 명의 정보원들을 사용할 경우 설득에 변화가 일어나는 것도 정보원이 여럿임으로써 일어나는 추가의 인지적 노력 때문인 것 같다. 이것을 확인해 주는 것으로, Harkins와 Petty는 추가의 인지적 처리가 일어나지 못하도록 주의를 분산시킬 경우, 피험자들이 제시된 주장들을 기억하고 이해할 수 있다 하더라도, 다수 정보원을 사용하는 것의 효과는 없어졌음을 발견하였다. 이것과 또한 다른 연구들에 의하면, 맥락적인 요인들이 피험자들로 하여금 설득적 의사 전달에 들이는 인지적 처리의 노력을 증가시키도록 허용 혹은 권장할 경우, 설득은 주장의 질에 의해 더욱 좌우된다.

## 설득의 유형

정교화 가능성 모형(Petty & Cacioppo, 1981)에서는 설득이 일어나는 두 가지 경로가 있는데, 흔히 중심 경로와 주변 경로라 불리운다. 그와 유사한 설득 모형이 Chaiken(1987)에 의해 제안되었는데 그는 설득의 이 두 경로들을 필수적인 체계적 처리(entailing systematic processing)와 휴리스틱 처리 (heuristic processing)로 기술하였다.

중심 경로에서는 메시지 자체에 대한 적극적인 처리가 일어난다. 이 경로를 통해 이루어진 태도 변화는 좀더 강하고 지속적일 가능성이 높다(Petty와 연구자들, 1995). 설득에 대한 인지 반응적 접근에서의 대부분의 연구가 이것에 관한 것이었다. 우리가 이미 보았듯이, 사람들은 어떤 태도의 문제에 관하여 생각하고자 하는 동기가 있을 경우, 예를 들어 자기와 관련된 것일 경우, 이 경로를 사용할 가능성이 높다. 그런 상황들은 좀더 많은 인지적 노력과 정교화가 일어나도록 만들기 때문에 주장들의 질이 매우 중요해진다. 메시지와 관련된 사고를 못하게 하거나 혹은 방해하는 요인들(예, 주의 분산)은 중심 경로를 통한 효과를 감소시킬 것이다. 바로 이 때문에 광고들이 유머, 음악, 유명인들을 사용하는 것인지도 모른다. 즉 그것들 자체의 설득적 효과 외에도 우리가 메시지 자체에 너무 집중하지 못하도록 주의를 분산시키는 역할을 하는 것일지 모른다.

설득에 대한 주변 경로는 메시지에 대한 최소한의 인지적 정교화가 있어날 경우에 사용되며, 이 때의 태도 변화는 주로 메시지와 관련 없는 요인들에 의해 일어난다. 예를 들어 신빙성이나 신체적 매력 같은 정보원 요인들이 주변 경로를 통해 그 효과를 발휘하게 된다. 설득의 주변 경로는 수용자가 메시지의 내용을 처리하려는 동기나 능력이 낮을 경우에 주로 사용된다.

### 설득 경로에 대한 실험적 예

Petty, Cacioppo와 Goldman(1981)은 기말 종합 시험의 도입에 대한 학부생들의 태도에 미치는 개인적 관여(관련성), 주장의 질, 그리고 정보원의 전문 지식의 효과를 살펴보았다. 관련성은 이 시험이 내년부터 도입될 것이라고 하거나(현재 재학중인 학생들에게 높은 관련성을 가지는) 혹은 10년 내에 할 것이라고 말함으로써(현재 재학중인 학생들에게는 영향을 주지 않을 것이므로 관련성이 상당히 낮아지는) 조작되었다. 피험자들에게 이 시험의 도입을 지지해 주는 8개의 아주 강한 주장들이나 혹은 8개의 약한 주장들을 들려 주어 주장의 질을 조작하였다. 정보원의 전문 지식 요소를 조작하기 위하여, 피험자들에게 그들이 듣게 될 테이프가 그 지역의 어느 고등학교에서 만든 보고서(낮은 지위), 혹은 명성있는 카네기 고등교육 위원회가 만든 보고서(높은 지위)에 근거한 것이라고 말해 주었다.

예상한 대로, 설득은 개인적 관련성이 높을 경우에 높은 질의 주장들(중심 경로)에 의해서만 영향받았다. 관련성이 낮을 경우에는, 정보원의 전문 지식(주변 경로)이 설득의 가장 중요한 결정 요소였다. 이것은 어떤 사람이 설득 메시지를 다룰 때 사용할 인지적 처리의 경로와 유형을 결정하는 중요한 요소는 그것과의 관련성이라는 Petty와 Cacioppo의 주장을 강력히 지지해 준다. 이것이 광고에서 가지는 의미에 대해 주목할 필요가 있다. 대부분의 광고에 대하여 우리는 별로 개인적 관심을 갖지 않거나 관여되어 있지 않다. 따라서 처리의 주변 경로에서 사용되는 요인들(높은 지위의 정보원들, 매력적인 인물들, 유명한 배우들, 유머, 음악 등)이 특히 중요할지 모른다. 아마 상품에 대한 어떤 자세한 정보보다도 훨씬 중요한 것일지도 모른다.

## Petty, Cacioppo 대 Stiff의 논쟁

정교화 가능성 모형에 대한 가장 신랄한 비판 중의 하나는 James Stiff (1986)에 의해 이루어졌다. 그 후 아주 세밀한 논쟁이 일어났는데, 그것이 어느 한쪽을 완전히 지지해 주지는 않았으나 두 이론을 상당히 명료하게 해주었다. 결국, 두 이론들 간의 차이는 처음에 논쟁을 시작했을 때보다는 훨씬 적어 보였다. 이 논쟁을 자세히 살펴볼 필요가 있겠다.

### 첫 공격

Stiff(1986)는 Petty와 Cacioppo의 정교화 가능성 모형은 결국, 한 가지 경로로 이루어진, 제한된 용량 모형으로서, 여기서는 사람들이 설득 정보의 처리를 위해 중심 경로와 주변 경로 중 하나를 선택하게끔 되어 있는 것으로 가정하고 있다고 주장하였다. 그는 Petty와 Cacioppo가 문제에 대한 관여와 중심 처리 간의 관계를 보여준 것에 주목하였다. 그러나 그들이 어떻게 낮은 수준의 관여가 주변적 처리를 일으키는지는 보여주지 않았다고 주장하였다.

Stiff는 Kahneman(1973)의 정보 처리의 신축적 용량이라는 관점에 근거한 대안적 모델을 제시하였다. 이 관점에 의하면, 사람들은 중다 경로로 이루어진, 그리고 제한적 용량을 가진 처리 장치이다. 그들은 몇 개의 경로들을 동시에(병렬적으로) 처리할 수 있으나, 그들의 인지 용량의 한계 내에서만 그렇게 할 수 있다. 이 관점에 의하면, 과제가 어려워짐에 따라 들이는 노력이 그 정점에 이를 때까지는 증가되다가 그 다음에는 더 이상 증가하지 않고 같은 수준을 유지한다. 따라서 낮은 수준에서는 처리가 한 개 이상의 수준 혹은 경로에서 일어날 수 있다. 그러나 일차적 처리를 요하는 아주 어려운 과제들은 이용 가능한 모든 용량을 차지하여 이차적 처리를 위한 용량을 전혀 남겨 놓지 않는다. 이 모형은 각기 다른 상황에 따라 병렬적(parallel) 형태와 직렬적(sequential) 형태의 정보 처리 중 어느 것이 일어날 것인지를 예언해 줄 수 있으며, 각성과 주의집중에 관한 연구 결과들과도 대체로 일치한다.

Kahneman의 모델을 확장시킨 것에 근거하여, Stiff는 개입과 중심 단서들의 효과 간에는 정적인(positive) 관계가 있으며, 개입과 주변 단서들의 효과 간에는 곡선적(curvilinear) 관계가 있다는 가설을 세웠다. 이러한 가설을 검증하기 위하여 Stiff는 이 영역에서 이루어진 19개의 이전 연구들에 대한 메타 분석을 하였다. 메타 분석은 이전의 연구들을 통계적으로 통합하여, 결국 마치 하나의 거대한 연구처럼 만드는 방법이다. 메타 분석의 결과들은 대체로 Stiff의 가설들을 확인해 주는 것 같다. 개입의 수준이 낮은 경우, 주변 단서와 중심 단서들의 처리 모두가 적게 일어났다. 중간 수준의 개입의 경우에는 두 가지 단서들 모두가 사용되었고, 높은 수준의 개입의 경우에는 주로 중심 단서들이 사용되었다. 이것은 정교화 가능성 모형에 대한 Stiff의 대안을 지지해 주는 것으로 보였다. 그러나 단지 한 개의 논문으로 그 문제가 해결된다면 그것은 논쟁이라 할 수 없을 것이다.

### 반격

Stiff의 비판에 대하여, Petty, Kasmer, Haugtvedt와 Cacioppo(1987)는 Stiff의 비판들 중 많은 부분이 그들의 모형을 잘못 이해한 데에서 나왔다고 반박하였다. 첫째, Petty와 그의 동료들은 Stiff가 모든 메시지 단서들은 중심 처리 단서들로, 그리고 다른 모든 변인들(예, 정보원 요인들)은 주변 단서들로 가정하고 있다고 주장하였다. Petty와 그의 동료들은 정교화 가능성 모형은 중심 단서들과 주변 단서들을 구분하지 않는다고 주장하였다. 대신 그들은 변인들이 설득 상황에 따라 세 가지 역할 중 하나를 할 수 있다고 주장하였다. 그 중 하나는 설득적 주장들(즉, 정보)로서의 역할이다. 그러나 그것들은 또한 단서(예, 정보가 많을수록 그 주장의 타당도가 높음을 의미한다)의 역할을 할 수 있다. 또한 정보 처리 전략을 결정하는 근거로서의 역할을 할 수도 있다(예, 정보가 당신으로 하여금 신빙성에 대한 추론을 하도록 할 수 있다). 다시 말해, 같은 변인이 상황에 따라 다른 역할을 할 수 있다. 즉 그것이 어느 한 맥락에서는 '중심 단서'가 되고 다른 맥락에서는 '주변 단서'가 될 수 있다.

둘째, Petty와 그의 동료들은 Stiff의 주장과는 반대로 정교화 가능성 모형은 다중 경로 처리를 배제하지 않는다고 주장하였다.

마지막으로, Petty와 그의 동료들은 Stiff의 메타 분석을 비판하였다. 그들은 Stiff가 자료를 정리한 방법이 편파적이라고 반박하였다. 예를 들면 그는 메시지가 중심, 주변 처리 모두에 영향을 줄 가능성을 무시하였다는 것이다.

### 재반격

위에서 언급한 두 개의 학술지 논문들은 대체로 두 가지 반대되는 입장들을 설명해 주었다. 그러나 이 논쟁이 끝나기 전에 마지막으로 두 가지의 공격이 더 있었다. Petty와 그의 동료들에 대응하여, Stiff와 Boster(1987)는 정교화 가능성 모형이 다중 경로 처리를 배제하지 않는다는 Petty의 주장은 결국 그들의 모형을 검증 불가능하게 만들기 때문에 부적절하다고 비판하였다. 검증을 위해서는 특정한 예언이 필요한데, Petty와 연구자들의 논문에 나온 그림에 의하면 처리가 한 가지 경로 혹은 다른 경로로 일어나게 하는 것으로 보인다고 그들은 주장하였다. 어떠한 조건들하에서 두 가지 모두의 공동 처리가 일어날 것인지 명백히 설명될 필요가 있다. 그들은 정교화 가능성 모형이 '병렬적 처리를 강조하지 못했다' (p. 251)고 지적하였다.

다음으로, Stiff와 Boster는 Petty와 연구자들은 단서들이 중심적 혹은 주변적 영향을 가질 수 있다고 주장한 것에 주의를 돌렸다. 다시 한번, 그들은 이것이 이 모형을 검증 불가능하게 만들며, 어느 한 단서가 중심적인 것인지 혹은 주변적인 것인지 이전에 미리 밝힐 수 있어야 한다고 주장하였다. 그렇지 못할 경우, 연구자는 거의 어떤 결과든 얻을 수 있으며, 설득 메시지가 어떻게 처리되었는지 나중에 생각해서 내린 해석에 의해 그것을 그냥 설명해버릴 수 있다.

마지막으로, 기술적인 점에 있어서, Stiff와 Boster는 Petty와 연구자들이 자신들의 메타 분석적 연구에 대하여 행한 재분석의 정확성과 거기에 사용된 절차에 대하여 의문을 제기하였다.

이쯤이면 당신도 이 논쟁이 큰 문제들에서 세부적인 기술적 문제로 옮겨 갔음을 알 수 있을 것이다. 누구도 승자가 될 수 없을 것이라는 것은 이미 분명하지만, 이것을 완전히 다 살펴본다는 의미에서 Petty와 그의 동료들이 이 논쟁에 마지막으로 기고한 것을 검토해 보겠다.

### 최종적인 말—최종이 아닐 수도

Petty, Cacioppo, Kasmer와 Haugtvedt(1987)는 Stiff와 Boster의 논문이 '우리가 처음의 비평에서 말했던 개념적인 사항들 중 많은 것을 무시하고 있으며, 계속하여 우리의 연구와 저술을 잘못 규정하고 있다' (p. 257)고 지적하면서 그들의 마지막 방어의 포문을 열었다.

병렬 처리 대 직렬 처리의 문제에 대하여, Petty와 연구자들은 이것은 그들이 관심을 가지고 있는 문제가 아니라고 하였다. 그들은 정교화 가능성 모형은 설득 모형으로서, 정보원, 메시지 그리고 다른 요인들의 효과를 검토하지만, 그것들이 직렬적으로 혹은 병렬적으로 처리되는지에 관하여는 관심이 없다고 주장하였다. 병렬 대 직렬 처리의 문제는 일반적인 인지 처리를 이해하는 데에는 적절할 수 있지만, 설득을 이해하는 데에는 필요치 않은 것으로 보인다.

아마도 이 논쟁에 대한 Petty와 연구자들의 이 마지막 기고에서 한 가지 중요한 면은 Stiff의 '주변 단서' 와 '중심 단서' 라는 용어의 사용에 관한 것이리라. Petty와 연구자들은 이것은 그들의 모형을 잘못 규정한 것이라고 주장하고 있다. 그들은 중심, 주변 단서들이 아니라 중심, 주변 경로들에 대하여 이야기하고 있다. 그들이 주장한 것처럼, 정보는 각기 다른 상황에서 두 경로 중 하나를 통해 처리된다는 것이 타당해 보인다. 그들이 말하고자 하는 것은 중심 혹은 주변 단서라는 것은 없으며, 단서는 단지 중심 혹은 주변 경로를 통해서 처리된다는 것이다. 정보를 처리하는 이러한 경로들 내에서 여러 가지 처리가 일어날 수 있다. 예를 들어 주변 경로로부터 나온 태도 변화는 고전적 조건화, 단순한 결정 규칙들의 사용 그리고 인지적 휴리스틱(정보에 필요한 인지적 처리의 양을 감소시키는 빠른 방식들)의 사용을 포함할 수 있다.

정보원, 메시지, 그리고 다른 요인들의 다중 역할들이 이 모형을 검증 불가능하게 만든다는 비판에 대하여, Petty와 연구자들은 그들이 이러한 상황을 명확히 하였다고 주장하고 있다. 다중 역할들이 복잡하긴 하지만, 연구에 수용될 수 있다. 그들은 각기 다른 상황들에서 정보원의 신빙성이 주장으로서의 역할, 단서로서의 역할, 그리고 지시적인 역할을 한다는 것을 보여주는 자신들의 연구가 학술지에 발표되었음을 주지시키고 있다.

마지막으로, Petty와 연구자들은 Stiff의 메타 분석에 대한 자신들의 재분석에 대하여 Stiff가 비판한 것에 응답하였다. 그들은 원래의 메타 분석에서 작은 표집이 사용된 점을 지적하면서, Stiff의 분석에 대하여 방법론적으로 아주 상세히 비판하고 있다. Petty와 연구자들은 아주 작은 메타 분석에 근거하여서는 어떠한 결론을 내리는 것도 현명치 못할 것이라는 자신들의 주장을 다시 한번 말하며 끝맺었다.

## 결론

논쟁에 결론이 났더라면 좋았을 텐데, 그러나 그것은 그냥 흐지부지된 것 같다! Stiff의 비판은 정교화 가능성 모형의 여러 가지 면들을 명확히 해주는 데에 도움이 되었으며, 이 모형은 아직도 건재하다. 그러나 보다 최근에 많은 비판들이 이루어졌다. Kruglanski와 Thompson(1999)은 두 경로 모형들을 한 경로로 재개념화한 것을 최근에 제안하였는데, 이것은 아주 많은 관심을 받았으며 또한 상당한 비판도 일으켰다. 이것이 비판에 견딜 수 있으며, 기존 모형에 대한 상당한 진보를 의미하는지가 분명해지기 위해서는 아직도 많은 양의 연구가 이루어져야 할 것이다. 설득에 대한 인지적 기초들을 우리가 이해하는 데 있어 명백히 밝히고 해결해야 할 이론적, 경험적 문제들이 아직도 많이 있다는 것에는 의심의 여지가 없다.

## 요약

이 장에서는 가장 영향력 있는 두 가지 설득 모형에 초점을 맞추었는데, 하나는 행동주의 심리학에 뿌리를 두고 있으며, 다른 하나는 현대 정보 처리 이론에 아주 공고히 기초하고 있다. Ajzen과 Fishbein의 이성적 행동 이론은 그 유용성이 증명된, 잘 확립된 이론이다. 이것은 태도 연구를 태도-행동이라는 곤경으로부터 끌어내는 데에 중요한 공헌을 하였다. 이 이론에 대한 많은 비판이 있었음에도 불구하고 그 견고함이 증명되었다. 이 이론을 최근에 확장한 것인 계획된 행동 이론은 이 이론의 정확성과 예언력을 증가시키는 데 도움이 되었다. 두 번째로 논의된 모형은 Petty와 Cacioppo의 정교화 가능성 모형이었다. 이 모형은 사람들이 설득적 메시지를 처리할 때 취해질 수 있는 각기 다른 인지적 경로들을 명료히 하는 데에 도움을 주어 특히 유용하였다. 이것은 태도 변화 과정에 대하여 정보원, 메시지 그리고 청자가 가지는 효과들에 대한 많은 전통적 문헌들을 새롭고 보다 세련된 개념으로 만들 수 있게 해주었다.

## 더 읽을거리

Petty, R. E. and Cacioppo, J. T. (1996) *Attitudes and persuasion: classic and contemporary approaches*. Boulder, CO: Westview Press. 태도 이론들에 대한 대단히 총괄적인 개관으로, 아마 여러분이 필요로 하는 것보다도 훨씬 많을 것이다!

Petty, R. E. and Cacioppo, J. T. (1986) *Communication and persuasion:*

*central and peripheral routes to attitude change*. New York: Springer-Verlag. 정교화 가능성 모형에 대한 자세한 설명을 제공한다.

Ajzen, I. and Fishbein, M. (1980) *Understanding attitudes and predicting social behavior*. Englewood Cliffs, NJ: Prentice-Hall. 이성적 행동 이론에 대한 훌륭한 요약, 그 응용들에 대한 개관, 그리고 태도 설문지의 구성에 대한 단계적인 지침과 설문지의 예를 제공하는 유용한 부록들로 이루어져 있다.

# 용어해설

Glossary

**가짜 파이프라인 기법**(bogus pipeline approach) 태도 평가의 기술로서, 응답자로 하여금 실험자가 거짓말 탐지기와 유사한 장치로 그들의 태도를 알 수 있다고 믿도록 오도한다.

**가치 표현적 기능**(value-expressive function) 태도가 어떤 사람의 자아개념을 지지해 주고 그 필수적인 부분의 기능을 할 경우를 말한다. 이러한 가치와 태도들을 확인받는 것이 그 사람에게 만족을 준다.

**각성**(arousal) 행동을 할 준비가 된 생리적 혹은 심리적 상태.

**감정의 2요인 이론**(two-factor theory of emotion) 감정의 경험은 생리학적인 것에 기초한다. 그러나 그 경험을 명명(labelling)하는 것은, 적어도 부분적으로는, 인지적 평가의 기능으로서 그것은 또한 사회적, 상황적 영향을 반영할 수 있다는 학설.

**개입**(commitment) 우리가 어떤 결정이나 혹은 어떤 문제에 대한 우리의 입장을 지키고 방어해야 한다고 느끼는 정도.

**계획된 행동 이론**(Theory of Planned Action) 이성적 행동 이론을 계승한 것으로서, 어떤 행동을 수행할 수 있는 능력에 대한 사람들의 자신감이 행동 의도와 그 성공의 결정 요소로서의 역할을 한다는 것을 인정한다.

**고전적(파블로프식) 조건화** 중립적인 자극과 어떤 사람에게 중요한 의미를 갖는 자극 간의 연합의 학습을 강조하는 행동주의적 접근. 그러한 학습의 결과 중립적 자극 자체가 중요성을 획득하게 된다.

**관련 속성 가설들**(related attribute hypothesis) 사회적 비교 이론에서, 우리는 우리의 다른 속성들이나 특성들, 능력들을 평가하는 근거로서 우리가 중요하고 적절하다고 보는 속성들(예, 나이 혹은 성별)에 있어 우리와 유사한 사람들을 택한다는 개념.

**귀인**(attribution) 우리가 다른 사람들의 기질이나 의도를 추론하는 데에 사용하는 기제.

**기능적 접근**(functional approach) 태도의 이해에 있어 그것의 구조보다는 그것이 하는 기능을 강조하는 이론적 접근.

**주관적 유용성의 기대치**(Subjective Expected Utility, SEU) 사람들이 자신들의 행동으로부터 나오는 보상은 최대화하고 혐오스런 결과들은 최소화하고자 한다고 보는 광범위한 이론적 접근.

**단순 노출 효과**(mere exposure effect) 어떤 사람이나 사물에의 반복적 노출이 그것에 대한 우리들의 태도에 영향을 주는 것—흔히 긍정적으로—을 말한다.

**대중 매체**(mass media) 큰 규모의 청자들을 상대로 하는 의사 전달 방식들 (예, TV, 라디오, 신문)

**도구적(또한 적응적 혹은 실용적) 기능**(instrumental(also adjustive or utilitarian) function) 이러한 기능을 하는 태도들은 사람들로 하여금 그들의 보상을 최대화하도록 도와준다.

**도구적(조작적) 조건화**(instrumental (operant) conditioning) 행동은 그 결과들에 의해 통제된다는 것을 강조하는 행동주의 이론. 긍정적(보상적) 결과들이 반응의 강도와 확률을 증가시키는 것으로 본다.

**리커트 척도**(Likert scale) 응답자들에게 일련의 문항들을 제시하고 각 문항에 동의 혹은 동의하지 않는 정도를 평정하게 하는 태도 척도의 한 유형. 평정들의 합이 응답자의 태도 점수가 된다.

**메시지**(message) 의사 전달의 정보적 내용.

**메시지 학습 접근법**(message learning approach) 설득을 설명하는 접근 방법의 하나로서, 주의집중, 메시지의 이해와 수용에 영향을 주는 요인들을 강조한다.

**모델링(관찰/대리 학습)**(modelling(observational/vicarious learning)) 다른 사람을 관찰하고 모방함으로써 행동을 학습하는 것.

**모델**(model) 모방의 대상이 되는 행동을 수행하는 사람.

**문항**(item) 태도 척도나 설문지에서의 진술 혹은 질문.

**문항 분석**(item analysis) 태도 척도나 설문지를 평가하고, 미약한 문항들을 제거 혹은 절감시키는 데 사용되는 과정.

**보상**(reward) 어떤 반응에 뒤따르는 것으로서, 그 반응이 다음에 일어날 확률 혹은 강도를 증가시켜 주는 모든 사건.

**보호 동기 이론**(Protection Motivation Theory) 공포에 의거한 건강 메시지들에 대한 응답자들의 반응을 설명하고자 하는, 태도 변화의 SEU(앞에 나온 것 참조) 모형.

**사회적 거리 척도**(social distance scale) 응답자들에게 긍정성의 정도에 있어 다른 일련의 대안들을 제시하여 사회적 태도를 측정하고자 하는 것. 응답자들에게 어느 대안에 어느 정도나 동의하는지를 표시하게 한다. 이것은 그 대상에 대한 응답자들의 태도에 따라, 간단하고 직관적으로 응답자들의 순위를 정할 수 있게 해준다.

**사회적 비교**(social comparison) 합의적 타당화(뒤에 나온 것 참조)를 위해 우리가 자신의 태도와 능력들을 다른 사람들의 그것과 비교하는 기제.

**태도의 삼자**(또한 고전적 혹은 ABC라 알려진) **모형**(triadic(also known as classical or ABC) model of attitudes) 태도를 세 가지의 아주 밀접히 연관된 요소들, 즉 정서, 행동, 그리고 인지의 요소들을 가지는 것으로 제시하는 모형.

**상향 비교**(upward comparison) 어떤 능력이나 특성들(예, 스포츠에서의 능력)에 있어 더 나은 사람들 혹은 자기가 좋아하는 집단의 구성원들과 사회적 비교(앞에 나온 것 참조)를 하는 것. 자기 개선에의 욕구에 의해 일어날 수 있다.

**서스톤 척도**(Thurstone scale) 각 문항마다 어떤 정해진 값을 갖는 태도 척도의 유형. 응답자가 동의하는 모든 문항들의 중앙값이 그 사람의 태도 점수가 된다.

**설득**(persuasion) 어떤 사람이 자신의 태도와 의견을 바꾸도록 영향받는 과정.

**소시오메트리**(sociometry) 사회적 선택과 인기도를 측정하는 기법. 가장 간단한 형태의 것으로, 응답자에게 어떤 기준들에 맞는(예, 친구) 사람들의 명단을 만들게 할 수 있다.

**수용/거부의 (허용) 범위**(latitude of acceptance/rejection) 우리의 기존 태도와 설득 메시지에 의해 옹호되고 있는 입장 간의 거리가, 태도 변화가 일어날 가능성에 영향을 줄 것이라는 사실을 말한다. 우리의 기존 태도와 옹호되고 있는 입장 간의 차이에 있어, 우리에게 비교적 중요하지 않은 태도의 경우에는 그 두 가지 간의 차이가 크더라도 우리가 그것을 수용할 수 있고 태도 변화를 가져올 수도 있지만, 그것이 개인적으로 중요하거나 혹은 보다 극단적인 태도의 경우에는 그 차이가 작아야만 그것을 우리가 수용하고 그 결과, 태도 변화를 가져올 수 있다.

**수위 효과**(primacy effect) 처음에 접한 정보가 나중에 접한 정보보다 더 잘 기억되거나 혹은 더 큰 영향력을 갖게 되는 효과를 말한다(비교: 최신 효과, recency effect).

**스케일로그램 분석**(scalogram analysis) 문항들의 순위가 매겨진 태도 척도의 한 유형. 응답자는 어느 정해진 지점까지는 모든 문항들에 동의해야 하며, 그 이후 다른 문항들과는 동의하지 않는다. 따라서, 어떤 사람이 동의한 마지막 문항을 알면 그가 어느 문항들에 동의 혹은 동의하지 않았는지를 알 수 있다.

**식역하 조건화**(subliminal conditioning) 의식 수준 이하에서 일어나는 태도의 고전적 조건화.

**식역하 지각**(subliminal perception) 의식 수준 이하에서의 자극의 지각.

**신념**(belief) 어떤 사람의 세계가 가지는 두 가지 면들 간의 관계에 대한 그 사람의 지각.

**신뢰도**(reliability) 태도 척도 혹은 문항의 일관성과 관련된 것으로, 두 번째 실시에서 같은 결과를 얻게 될 가능성.

**신축적 용량 모형**(elastic capacity model) 설득 메시지의 중심 및 주변적 처리 (뒤에 나오는 것 참조)가 병렬적으로 일어날 수 있다고 주장하는 설득의 모형. 각 처리 유형에 주어지는 비중은 그 사람이 그 문제에 관여된 정도에 따라 달라지는 것으로 본다.

**심리적 저항**(psychological reactance) 사람들이 선택과 행동에 대한 자신들의 지각된 자유가 위협되고 있다고 느낄 때 그것을 회복하고자 하는 경향.

**요구 효과**(demand effect) 사람들이 어떤 주어진 상황에서 자신들에게 기대되는 것을 알려 주는 단서들에 반응하여 행동하는 것—예를 들어, 실험에서 자신들에게 기대되고 있다고 그들이 믿는 방식으로 수행하는 것.

**의사 전달**(communication) 정보의 전달.

**의사 전달 통로**(channel of communication) 메시지가 전달되는 양식(예, 글로 된 것, 음성으로 된 것, 마주 대하고 하는 것).

**의지**(volition) 선택과 행동에 대한 어떤 사람의 지각된 자유.

**이 단계 유동 이론**(two-step flow theory) 대중 매체의 설득 효과를 설명하려는 이론. 대중 매체들이 대부분의 사람들에게 가지는 효과는 간접적이며, 집단 내에서 적극적이고 정보를 많이 가지고 있는 의견 주도자에 의해 중재된다고 주장한다.

**이란성 쌍둥이**(dizygotic twin) 두 개의 별개 수정란으로부터 나온 동일하지 않은 쌍둥이(비교: 일란성 쌍둥이).

**이론**(theory) 일련의 관찰된 사상(事象, event)들 간의 관계에 대한 설명.

**이성적 행동 이론**(Theory of Reasoned Action) 태도와 행동 간의 관계를 설명하고자 하는 이론. 태도란 평가적으로 비중이 매겨진 신념들이라고 본다. 이러한 신념들과 주관적 규범들이 행동 의도에 영향을 준다. 행동 의도를 실제 행동의 주요한 직접적 결정 요소로 본다.

**인지**(cognition) 태도의 요소로 사람의 생각, 지식, 그리고 이해를 강조한다.

**인지 반응 모형들**(cognitive response models) 우리가 설득 메시지에 반응하는 방식은 그것이 일으키는 특출한 생각들에 의해 결정된다는 것을 강조하는 일단의 태도 이론들.

**인지 부조화**(cognitive dissonance) 어떤 사람이 두 가지 인지들 혹은 태도들 간에서 차이와 비일관성을 지각하는 거북한 상태. 이러한 긴장이 여러 가지 가능한 기제들을 사용하여 부조화를 감소시키고자 노력하게 만드는 것으로 본다.

**인지 일관성 이론들**(cognitive consistency theories) 우리가 우리의 태도들 내에서 혹은 태도들 간에서 적극적으로 일관성(혹은 조화)을 찾는다는 것을 강조하는 일단의 주요 이론들(비교: 인지 부조화).

**일란성 쌍둥이**(monozygotic twin) 동일한 쌍둥이로서 한 개의 수정란으로부터 나온 것(비교: 이란성 쌍둥이).

**자극**(stimulus) 어느 유기체로부터 반응을 일으키는 모든 사상(事象, event).

**자기 지각 이론**(Self-Perception Theory) 인지 부조화 현상에 대한 대안적 설명으로서, 사람들이 보고한 태도는 자신의 행동에 대한 그들의 관찰로부터 나온 것이라고 주장한다.

**자아개념**(self-concept) 어떤 사람이 자신에 대하여 가지고 있는 일련의 신념들.

**자존감**(self-esteem) 자아개념의 평가적인 면. 우리의 소망, 우리가 이상적으로 되고 싶어하는 것과 비교하여 우리가 지금 어느 정도나 된다고 생각하는지를 말한다.

**정교화 가능성 모형**(Elaboration Likelihood Model) Petty와 Cacioppo(1981)가 제안한 설득의 인지적 반응 모형. 여기에서는 설득이 중심적 혹은 주변적인 두 가지 경로를 취한다고 주장한다(뒤에 나오는 것 참조).

**정보 처리 모형들**(information-processing models) 정보가 사람들에 의해 어떻게 조작되는지를 강조하는 인지적 접근들.

**정보원**(source) 의사 전달 내용의 작성자로 보이는 사람, 집단 혹은 기관.

**정서**(affect) 기분과 무드. 태도의 감정적 요소.

**주관적 규범**(subjective norm) 이성적 행동 이론에서 행동 의도를 결정하는 요소들 중 하나. 다른 사람들이 기대하고 있을 것으로 우리가 생각하는 것들과 그런 기대에 따르고자 하는 우리들의 동기로 구성됨.

**주변 경로**(peripheral route) 정교화 가능성 모형에서 나온 개념. 이 설득의 경로는 단순하고 피상적인 단서들(예, 태도의 변화를 옹호하고 있는 사람의 특징들)에 근거한다. 이것은 태도 변화의 빠른 처리 경로(short-cut route)로서, 수용자에게 비교적 적은 관여 혹은 인지적 처리를 요한다(비교: 중심 경로). 어떤 사람에게 별로 중요하지 않은 문제를 다룰 때 사용될 가능성이 가장 높다.

**주장**(argument) 설득 메시지에서 어떤 문제에 대하여 정해진 어느 한 입장을 제안하는 진술.

**중심 경로**(central route) 설득의 정교화 가능성 모형에서 나온 개념. 이 경로는 설득 메시지에 대한 자세한 고려, 그리고 그 질과 의미에 대한 분석을 강조한다. 주제가 그 사람에게 개인적으로 중요한 것일 경우에 가장 일어나기 쉽다(비교: 주변 경로).

**지식 기능**(knowledge function) 이러한 기능을 하는 태도들은 우리들의 세계를 보다 이해 가능하게 해주고, 사람, 물건, 그리고 사건들에 의미를 부여하며, 우리의 세계를 좀더 예측 가능하게 만들어 준다.

**진술 분석**(discourse analysis) 사회적 상호작용에서, 그리고 우리가 우리 자신과 우리의 세계를 보는 방식을 구축함에 있어 언어가 하는 역할을 분석.

**차별**(discrimination) 다른 사람에 대하여 그가 가진 어떤 규정 가능한 특성들이나 혹은 그가 속한 집단에 따라 편파적으로 행동하는 것.

**청자**(audience) 설득적 의사 전달의 수용자들.

**최신 효과**(recency effect) 최근에 접한 정보가 그 먼저 접한 정보보다 더 잘 기억되고 더 큰 영향력을 갖는 효과를 말한다(비교: 수위 효과, primacy effect).

**타당도**(validity) 어떤 문항이나 척도가 그것이 측정하고자 목적한 것을 측정하는 정도.

**태도**(attitude) 자신들의 세계의 어떤 중요한 면(사물, 행위, 사람)에 대하여 그 사람이 비교적 지속적으로 가지고 있는 긍정적 혹은 부정적인 평가.

**태도 척도**(attitude scale) 응답자들에게 그것에 동의하는지 혹은 동의하지 않는지를 묻는 일련의 진술들. 척도들은 흔히 집단에게 비교적 신속하고 용이하게 실시될 수 있도록 만들어진다. 척도들이 신뢰성과 타당성을 가지는 것(앞에 나오는 이 용어들에 대한 정의 참조)이 중요하다.

**태도-행동 논쟁**(attitude-behaviour debate) 태도가 행동을 예측할 수 있는 정도, 따라서 행동이 태도의 필수적 구성 요소가 되는 정도에 대한 계속적인 논란.

**태도의 접근 용이성**(attitude accessibility) 태도가 기억으로부터 자동적으로 쉽게 인출되는 정도.

**투사적 기법들**(projective techniques) 태도와 성격 평가의 간접적인 방법들로서, 응답자들에게 애매한 자극들을 제시하고 거기에 그들 나름의 의미와 해석을 부여하게 한다.

**특출성**(salience) 이성적 행동 이론에서, 이것은 설득적 의사 전달 후에 가장 먼저 마음에 떠오르는 생각이나 신념들을 말한다.

**편견**(prejudice) 어떤 사람의 개인적인 특징들이나 혹은 소속 집단(예, 인종이나 성별에 근거하여) 때문에 그에 대하여 갖는 흔히 부정적인 태도.

**하향 비교**(downward comparison) 어떤 능력이나 특성에 있어 열등한 사람과의 사회적 비교(위에 나온 것 참조). 자존감을 증진시키기 위해 사용될 수 있다.

**합의적 타당화**(consensual validation) 어떤 사람의 태도나 신념 혹은 능력에 대한 사회적 확인(사회적 비교도 참조할 것). 타당화할 객관적 수단이 없을 때 가장 흔히 일어난다.

**행동 의도**(behavioural intention) 가지고 있는 어느 특정한 태도 때문에 행동을 수행하고자 하는 의도. 태도와 실제 행동 간의 관계를 중재하는 것으로 본다.

**행동주의 심리학**(behavioural psychology) 관찰 가능한 행동과 학습의 기제들에 초점을 맞춘 이론.

SEU 주관적 유용성의 기대치 참조.

# 참고문헌

References

Aguinis, H. and Handelsman, M. M. (1997) Ethical issues in the use of the bogus pipeline. *Journal of Applied Social Psychology*, *27*, 574–581.

Aguinis, H., Pierce, C. A. and Quigley, B. M. (1993) Conditions under which a bogus pipeline procedure enhances the validity of self-reported cigarette smoking: a meta-analytic review. *Journal of Applied Social Psychology*, *23*, 352–373.

Ajzen, I. (1985) From intentions to actions: a theory of planned behavior. In: J. Kuhland and J. Beckman (eds), *Action-control: from cognitions to behaviour*. Heidelberg, Germany: Springer.

Ajzen, I. and Fishbein, M. (1980) *Understanding attitudes and predicting social behaviour*. London: Prentice-Hall.

Allport, G. (1954) The historical background of modern social psychology. In: G. Lindzey (ed.), *Handbook of social psychology, vol. 1: Theory and method*. Reading, MA: Addison-Wesley.

Anastasi, A. and Urbina, S. (1997) *Psychological testing* (7th edn). Englewood Cliffs, NJ: Prentice-Hall.

Aronson, E. (1968) Dissonance theory: progress and problems. In: R. P. Abelson, E. Aronson, W. J. McGuire, T. M. Newcomb, M. J. Rosenberg and P. H. Tannenbaum (eds), *Theories of cognitive consistency: a source-book*. Chicago: Rand-McNally.

Augoustinos, M. (1991) Consensual representations of social structure in different age groups. *British Journal of Social Psychology*, *30*, 193–205.

Bagozzi, R. P. and Burnkrant, R. E. (1985) Attitude organisation and the attitude–behavior relation. A reply to Dillon and Kumar. *Journal of Personality and Social Psychology*, *49*, 47–57.

Bales, R. F. and Cohen, S. P. (1979) *SYMLOG: a system for the multiple level observation of groups*. Chicago: University of Chicago Press.

Bandura, A. (1971) Analysis of modeling processes. In: A. Bandura (ed.), *Psychological modeling: conflicting theories*. Chicago: Aldine-Atherton.

Bem, D. (1967) Self-perception: an alternative interpretation of cognitive dissonance phenomena. *Psychological Review*, *74*, 183–200.

Bem, D. (1968) Attitudes as self-descriptions: another look at the attitude behavior link. In: A. G. Greenwald, T. C. Brock and T. M. Ostrom (eds), *Psychological foundations of attitudes*. New York: Academic Press.

Bogardus, E. S. (1925) Measuring Social Distance. *Journal of Applied Sociology*, *9*, 299–308.

Bornstein, F. R. (1989) Exposure and affect: overview and meta-analysis of research 1968–1987. *Psychological Bulletin*, *106*, 265–289.

Boster, F. J. and Mongeau, P. (1984) Fear-arousing persuasive messages. In: R. M. Bostrom (ed.), *Communication yearbook, vol. 8*. Beverly Hills, CA: Sage.

Bradac, J. J., Hemphill, M. R. and Tardy, C. H. (1981) Language style on trial. Effects of powerful and powerless speech on judgements of victims and villains. *Western Journal of Speech Communication*, *45*, 327–341.

Breckler, S. J. (1984) Empirical validation of affect, behavior and cognition as distinct components of attitude. *Journal of Personality and Social Psychology*, *47*, 1191–1205.

Brehm, S. S. and Brehm, J. W. (1981) *Psychological reactance: a theory of freedom and control*. New York: Academic Press.

Brehm, J. W. and Cohen, A. R. (1962) *Explorations in cognitive dissonance*. New York: Wiley.

Brown, R., Vivian, J. and Hewstone, M. (1999) Changing attitudes through intergroup contact: the effects of group membership salience. *European Journal of Social Psychology*, *29*, 741–764.

Brown, S. (1999) Public attitudes toward the treatment of sex offenders. *Legal and Criminological Psychology*, *4*, 239–252.

Byrne, D. (1971) *The attraction paradigm*. New York: Academic Press.

Calder, B. J., Insko, C. A. and Yandell, B. (1974) The relation of cognitive and memorial processes to persuasion in a simulated jury trial. *Journal of Applied Social Psychology*, *4*, 62–93.

Campbell, A., Converse, P. E., Miller, W. E. and Stokes, D. E. (1960) *The American voter*. New York: Wiley.

Carli, L. L. (1990) Gender, language and influence. *Journal of Personality and Social Psychology*, *59*, 941–951.

Chaiken, S. (1979) Communicator physical attractiveness and persuasion. *Journal of Personality and Social Psychology*, *37*, 1387–1397.

Chaiken, S. (1987) The heuristic model of persuasion. In: M. P. Zanna, J. M. Olson and C. P. Herman (eds), *Social influence: the Ontario Symposium, vol. 5*. Hillsdale, NJ: Erlbaum.

Chaiken, S. and Eagly, A. H. (1976) Communication modality as a determinant of message persuasiveness and message comprehensibility. *Journal of Personality and Social Psychology*, *34*, 605–614.

Chaiken, S. and Stangor, C. (1987) Attitudes and attitude change. *Annual Review of Psychology*, *38*, 575–630.

Cheung, S. K. (1996) Cognitive-behaviour therapy for marital conflict: refining the concept of attribution. *Journal of Family Therapy*, *18*, 183–203.

Cialdini, R. B. (1993) *Influence: science and practice* (3rd edn). New York: HarperCollins.

Cialdini, R. B. and Petty, R. E. (1981) Anticipatory opinion effects. In: R. E. Petty, T. M. Ostrom and T. C. Brock (eds), *Cognitive responses in persuasion*. Hillsdale, NJ: Erlbaum.

Cooper, J., Zanna, M. P. and Taves, P. A. (1978) Arousal as a necessary condition for attitude change following induced compliance. *Journal of Personality and Social Psychology*, *36*, 1101–1106.

Crano, W. D. (1997) Vested interest, symbolic politics, and attitude-behaviour consistency. *Journal of Personality and Social Psychology*, *72*, 485–491.

Croyle, D. T. and Cooper, J. (1983) Dissonance arousal: physiological evidence. *Journal of Personality and Social Psychology*, *45*, 782–791.

Davis, R. A. (1985) Social structure, belief, attitude, intention and behavior: a partial test of Liska's revisions. *Social Psychology Quarterly*, *48*, 89–93.

DeFleur, M. L. and Westie, F. R. (1963) Attitude as a scientific concept. *Social Forces*, *42*, 17–31.

Dillon, W. R. and Kumar, A. (1985) Attitude organisation and the attitude–behavior relation: a critique of Bagozzi and Burnkrant's reanalysis of Fishbein and Ajzen. *Journal of Personality and Social Psychology*, *49*, 33–46.

Donofrio, B. M., Eaves, L. J., Murrelle, L., Maes, H. H. and Spilka, B. (1999) Understanding biological and social influences on religious affiliation, attitudes, and behaviors: a behavior genetic perspective. *Journal of Personality*, *67*, 953–984.

Eagly, A. H. (1974) Comprehensibility of persuasive arguments as a determinant of opinion change. *Journal of Personality and Social Psychology*, *29*, 758–773.

Eagly, A. H. (1978) Sex differences in influenceability. *Psychological Bulletin*, *85*, 86–116.

Eagly, A. H. and Chaiken, S. (1975) An attribution analysis of the effect of communicator characteristics on opinion change: the case of communicator attractiveness. *Journal of Personality and Social Psychology*, *32*, 136–144.

Eagly, A. H. and Chaiken, S. (1993) *The psychology of attitudes*. Fort Worth, TX: Harcourt Brace Jovanovich.

Eagly, A. H. and Warren, R. (1976) Intelligence, comprehension, and opinion change. *Journal of Personality*, *44*, 226–242.

Edwards, A. L. (1957) *Techniques of attitude scale construction*. New York: Appleton-Century-Crofts.

Edwards, A. L. and Kenny, K. C. (1946) A comparison of the Thurstone and Likert techniques of attitude scale construction. *Journal of Applied Psychology*, *30*, 72–83.

Elliot, A. J. and Devine, P. G. (1994) On the motivational nature of cognitive dissonance: dissonance as physiological discomfort. *Journal of Personality and Social Psychology*, *67*, 382–394.

Erwin, P. (1991) Attitudes. In: J. Radford and E. Govier (eds), *A textbook of psychology* (2nd edn). London: Routledge.

Erwin, P. G. and Hough, K. (1997) Children's attitudes toward violence on television. *Journal of Psychology*, *131*, 411–415.

Fabrigar, L. R. and Petty, R. E. (1999) The role of the affective and cognitive bases of attitudes in susceptibility to affectively and cognitively based persuasion. *Personality and Social Psychology Bulletin, 25*, 363–381.

Fabrigar, L. R., Priester, J. R., Petty, R. E. and Wegener, D. T. (1998) The impact of attitude accessibility on elaboration of persuasive messages. *Personality and Social Psychology Bulletin*, *24*, 339–352.

Fazio, R. H. (1989) On the power and functionality of attitudes: the role of attitude accessibility. In: A. R. Pratkanis, S. J. Breckler and A. G. Greenwald (eds), *Attitude structure and function*. Hillsdale, NJ: Erlbaum.

Fazio, R. H. and Towles-Schwen, T. (1999) The mode model of attitude-behavior processes. In: S. Chaiken and Y. Trope (eds), *Dual process theories in social psychology*. New York: Guilford Press.

Fazio, R. H. and Zanna, M. P. (1981) Direct experience and attitude behaviour consistency. In: L. Berkowitz (ed.), *Advances in experimental social psychology, vol. 14*. New York: Academic Press.

Fazio, R. H., Ledbetter, J. E. and Towles-Schwen, T. (2000) On the costs of accessible attitudes: detecting that the attitude object has changed. *Journal of Personality and Social Psychology*, *78*, 197–210.

Festinger, L. (1954) A theory of social comparison processes. *Human Relations*, *7*, 117–140.

Festinger, L. (1957) *A theory of cognitive dissonance*. Stanford, CA: Stanford University Press.

Festinger, L. and Carlsmith, J. M. (1959) Cognitive consequences of forced compliance. *Journal of Abnormal and Social Psychology*, *58*, 203–210.

Fishbein, M. and Ajzen, I. (1975) *Belief, attitude, intention, and behavior: an introduction to theory and research*. Reading, MA: Addison-Wesley.

Freedman, J. L., Cunningham, J. A. and Krismer, K. (1992) Inferred values and the reverse-incentive effect in induced compliance. *Journal of Personality and Social Psychology*, *62*, 357–368.

Furnham, A. and Mak, T. (1999) Sex-role stereotyping in television commercials: a review and comparison of fourteen studies done on five continents over 25 years. *Sex Roles*, *41*, 413–437.

Gauvin, L., Rejeski, W. J. and Norris, J. L. (1996) A naturalistic study of the impact of acute physical activity on feeling states and affect in women. *Health Psychology*, *15*, 391–397.

Goethals G. R. and Darley, J. (1977) Social comparison theory: an attributional approach. In: J. M. Suls and R. M. Miller (eds),

*Social comparison process: theoretical and empirical perspectives.* Washington, DC: Hemisphere.
Greenwald, A. G., Pratkanis, A. R., Leippe, M. R. and Baumgardner, M. H. (1986) Under what conditions does theory obstruct research progress? *Psychological Review*, *93*, 216–229.
Guttman, L. (1950) The basis for scalogram analysis. In: S. A. Stouffer (ed.), *Measurement and prediction.* Princeton, NJ: Princeton University Press.
Hadjimarcou, J. and Hu, M. Y. (1999). Global product stereotypes and heuristic processing: the impact of ambient task complexity. *Psychology and Marketing*, *16*, 583–612.
Hall, C. C. I. and Crum, M. J. (1994) Women and 'body-isms' in television beer commercials. *Sex Roles*, *31*, 329–337.
Hanson, D. J. (1980) Relationship between methods and findings in attitude-behaviour research. *Psychology*, *17*, 11–13.
Harkins, S. G. and Petty, R. E. (1981) The multiple source effect in persuasion: the effects of distraction. *Personality and Social Psychology Bulletin*, *7*, 627–635.
Hatfield, E. and Rapson, R. L. (1996) *Love and sex*. Boston, MA: Allyn & Bacon.
Hobden, K. L. and Olson, J. M. (1994) From jest to antipathy: disparagement humour as a source of dissonance motivated attitude change. *Basic and Applied Social Psychology*, *15*, 239–249.
Hovland, C. I. and Weiss, W. (1951) The influence of source credibility on communication effectiveness. *Public Opinion Quarterly*, *15*, 635–650.
Hovland, C., Lumsdaine, A. and Sheffield, F. (1949) *Experiments in mass communication.* Princeton, NJ: Princeton University Press.
Iyengar, S. and Kinder, D. R. (1987) *News that matters: agenda setting and priming in a television age*. Chicago: University of Chicago Press.
Jones, E. E. and Sigall, H. (1971) The bogus pipeline: a new paradigm for measuring affect and attitude. *Psychological Bulletin*, *76*, 349–364.
Kahneman, D. (1973) *Attention and effort*. Englewood Cliffs, NJ: Prentice Hall.
Katz, D. (1960) The functional approach to the study of attitudes. *Public Opinion Quarterly*, *24*, 163–204.
Katz, E. and Lazarsfeld, P. F. (1955) *Personal influence*. Glencoe, IL: Free Press.
Keefe, F. J. (2000) Self-Report of Pain: Issues and Opportunities. In: A. A. Stone and J. S. Turkkan (eds), *The science of self-report: implications for research and practice*. Mahwah, NJ: Erlbaum.

Krishnan, H. S. and Smith, R. E. (1998) The relative endurance of attitudes, confidence and attitude-behavior consistency. *Journal of Consumer Psychology*, 7, 273–298.

Krosnick, J. A., Betz, A. L., Jussim, L. J. and Lynn, A. R. (1992) Subliminal conditioning of attitudes. *Personality and Social Psychology Bulletin*, *18*, 152–162.

Kruglanski, A. and Thompson, E. P. (1999) Persuasion by a single route: the Unimodel. *Psychological Inquiry*, *10*, 83–109.

La Piere, R. T. (1934) Attitudes vs. actions. *Social Forces*, *13*, 230–237.

Larson, C. V. (1992) *Persuasion: reception and responsibility* (6th edn). Belmont, CA: Wadsworth.

Lavine, H., Sweeney, D. and Wagner, S. H. (1999) Depicting women as sex objects in television advertising: effects on body dissatisfaction. *Personality and Social Psychology Bulletin*, *25*, 1049–1058.

Leippe, M. R. and Eisenstadt, D. (1994) Generalization of dissonance reduction – decreasing prejudice through induced compliance. *Journal of Personality and Social Psychology*, *67*, 395–413.

Leventhal, H. (1970) Findings and theory in the study of fear communications. In: L. Berkowitz (ed.), *Advances in experimental social psychology, vol. 5*. New York: Academic Press.

Likert, R. (1932) A technique for the measurement of attitudes. *Archives of Psychology*, No. 140.

Liska, A. E. (1984) A critical examination of the causal structure of the Fishbein/Ajzen attitude-behavior model. *Social Psychology Quarterly*, *47*, 61–74.

Livneh, H. and Antonak, R. F. (1994) Indirect methods to measure attitudes toward persons with disabilities. *Rehabilitation Education*, *8*, 103–137.

Lull, J. (1980) The social uses of television. *Human Communication Research*, 6, 197–209.

Lumsdaine, A. A. and Janis, I. L. (1953) Resistance to counter-propaganda produced by one-sided and two-sided propaganda presentations. *Public Opinion Quarterly*, *17*, 311–318.

Lydon, J. E. and Zanna, M. P. (1990) Commitment in the face of adversity: a value-affirmation approach. *Journal of Personality and Social Psychology*, *58*, 1040–1047.

McGuire, W. J. (1968) Personality and attitude change: an information processing theory. In: A. G. Greenwald, T. C. Brock and T. M. Ostrom (eds), *Psychological foundations of attitudes*. New York: Academic Press.

MacKenzie, S. B., Lutz, R. J. and Belch, G. E. (1986) The role of attitude towards the ad as a mediator of advertising effectiveness – a test of competing explanations. *Journal of Marketing Research*, *23*, 2, 130–143.

McLuhan, M. (1964) *Understanding the media: the extensions of man.* New York: Signet Books.

Madden, T. J., Ellen, P. S. and Ajzen, I. (1992) A comparison of the Theory of Planned Behavior and the Theory of Reasoned Action. *Personality and Social Psychology Bulletin*, *18*, 3–9.

Maio, G. R. and Olson, J. M. (2000) *Why we Evaluate: Functions of Attitudes.* Mahwah, NJ: Erlbaum.

Maio, G. R., Esses, V. M. and Bell, D. W. (1994) The formation of attitudes toward new immigrant groups. *Journal of Applied Social Psychology*, *24*, 1762–1766.

Manstead, A. S. R. and McCulloch, C. (1981) Sex role stereotyping in British television advertisements. *British Journal of Social Psychology*, *20*, 171–180.

Miller, C. T. (1984) Self-schemas, gender and social comparison: a clarification of the related attributes hypothesis. *Journal of Personality and Social Psychology*, *46*, 1222–1229.

Miller, N. and Campbell, D. T. (1959) Recency and primacy in persuasion as a function of the timing of speeches and measurements. *Journal of Abnormal and Social Psychology*, *59*, 1–9.

Mills, J. and Harvey, J. (1972) Opinion change as a function of when information about the communicator is received and whether he is attractive or expert. *Journal of Personality and Social Psychology*, *21*, 52–55.

Miniard, P. and Cohen, J. B. (1981) An examination of the Fishbein-Ajzen behavioral intentions model's concepts and measures. *Journal of Experimental Social Psychology*, *17*, 309–339.

Mita, T. H., Dermer, M. and Knight, J. (1977) Reversed facial images and the mere exposure hypothesis. *Journal of Personality and Social Psychology*, *35*, 597–601.

Moreland, R. L. and Beach, S. R. (1992) Exposure effects in the classroom: the development of affinity among students. *Journal of Experimental Social Psychology*, *28*, 255–276.

Moreno, J. L. (1953) *Who shall survive?* New York: Beacon House.

Mulheim, L. S., Allison, D. B., Heshka, S. and Heymsfield, S. B. (1998) Do unsuccessful dieters intentionally underreport food intake? *International Journal of Eating Disorders*, *24*, 259–266.

Nezlek, J. B. (1999) Body image and day-to-day social interaction. *Journal of Personality*, *67*, 793–817.

Oppenheim, A. N. (1992) *Questionnaire design, interviewing and attitude measurement.* London: Heinemann.

Patzer, G. L. (1985) *The physical attractiveness phenomenon.* New York: Plenum.

Perse, E. M. (1990) Involvement with local television news: cognitive and emotional dimensions. *Human Communication Research*, *16*, 556–581.

Perse, E. M. and Rubin, A. M. (1990) Chronic loneliness and television use. *Journal of Broadcasting and Electronic Media*, *34*, 37–53.

Petty, R. E. and Cacioppo, J. T. (1977) Forewarning, cognitive responding and resistance to persuasion. *Journal of Personality and Social Psychology*, *35*, 645–655.

Petty, R. E. and Cacioppo, J. T. (1981) *Attitudes and persuasion: classic and contemporary approaches.* Dubuque, IA: WCB.

Petty, R. E. and Cacioppo, J. T. (1986) The Elaboration Likelihood Model of Persuasion. In: L. Berkowitz (ed.), *Advances in experimental social psychology, vol. 9.* New York: Academic Press.

Petty, R. E. and Krosnick, J. A. (1995) *Attitude Strength: Antecedents and Consequences.* Mahwah, NJ: Erlbaum.

Petty, R. E. and Wegener, D. T. (1998) Matching versus mismatching attitude functions: implications for scrutiny of persuasive messages. *Personality and Social Psychology Bulletin*, *24*, 227–240.

Petty, R. E. and Wegener, D. T. (1999) The Elaboration Likelihood Model: current status and controversies. In: S. Chaiken and Y. Trope (eds), *Dual process theories in social psychology.* New York: Guilford Press.

Petty, R. E., Cacioppo, J. T. and Goldman, R. (1981) Personal involvement as a determinant of argument based persuasion. *Journal of Personality and Social Psychology*, *41*, 847–855.

Petty, R. E., Cacioppo, J. T., Kasmer, J. A. and Haugtvedt, C. P. (1987) A reply to Stiff and Boster. *Communication Monographs*, *54*, 257–263.

Petty, R. E., Kasmer, J. A., Haugtvedt, C. P. and Cacioppo, J. T. (1987) Source and message factors in persuasion: a reply to Stiff's critique of the Elaboration Likelihood Model. *Communication Monographs*, *54*, 233–249.

Petty, R. E., Haugtvedt, C. P. and Smith, S. M. (1995) Elaboration as a determinant of attitude strength: creating attitudes that are persistent, resistant and predictive of behaviour. In: R. E. Petty and J. A. Krosnick (eds), *Attitude strength: antecedents and consequences*. Mahwah, NJ: Erlbaum.

Pfau, M., Van Bockern, S. and Kang, J. G. (1992) Use of inoculation to promote resistance to smoking initiation among adolescents. *Communication Monographs*, *59*, 213–230.

Posner, S. F., Baker, L., Heath, A. and Martin, N. G. (1996) Social contact, social attitudes, and twin similarity. *Behavior Genetics*, *26*, 123–133.

Potter, J. and Wetherell, M. (1987) *Discourse and social psychology: beyond attitudes and behaviour*. London: Sage.

Prislin, R. and Pool, G. J. (1996) Behavior, consequences, and the self: is all well that ends well? *Personality and Social Psychology Bulletin*, *22*, 933–948.

Pryor, J. B. and Merluzzi, T. V. (1985) The role of expertise in processing social interaction scripts. *Journal of Experimental Social Psychology*, *21*, 362–379.

Pyszczynski, T., Greenberg, J., Solomon, S., Sideris, J. and Stubbing, M. J. (1993) Emotional expression and the reduction of motivated cognitive bias: evidence from cognitive dissonance and distancing from victims paradigms. *Journal of Personality and Social Psychology*, *64*, 177–186.

Roese, N. J. and Jamieson, D. W. (1993) Twenty years of bogus pipeline research: a critical review and meta-analysis. *Psychological Bulletin*, *114*, 363–375.

Rogers, C. R. (1980) *A way of being*. Boston: Houghton Mifflin.

Rogers, R. W. (1975) A protection motivation theory of fear appeals and attitude change. *Journal of Psychology*, *91*, 93–114.

Rogers, R. W. (1983) Cognitive and physiological processes in fear appeals and attitude change: a revised theory of protection motivation. In: J. Cacioppo and R. Petty (eds), *Social psychophysiology*. New York: Guilford Press.

Rosenberg, M. J. (1960) An analysis of affective-cognitive consistency. In: C. Hovland, and M. Rosenberg (eds), *Attitude organization and change*. New Haven, CT: Yale University Press.

Rubin, A. M. (1994) Media uses and effects: a uses and gratifications perspective. In: J. Bryant and D. Zillmann (eds) (1994), *Media effects: advances in theory and research*. Hillsdale, NJ: Erlbaum.

Sarver, V. T. (1983) Ajzen and Fishbein's 'Theory of Reasoned Action': a critical assessment. *Journal for the Theory of Social Behaviour*, *13*, 155–163.

Schachter, S. and Singer, J. (1962) Cognitive, social, and physiological determinants of the emotional state. *Psychological Review*, *69*, 379–399.

Shavitt, S. (1989) Operationalizing functional theories of attitudes. In: A. R. Pratkanis, S. J. Brecker and A. G. Greenwald (eds), *Attitude structure and function*. Hillsdale, NJ: Erlbaum.

Shavitt, S. (1990) The role of attitude objects in attitude functions. *Journal of Experimental Social Psychology*, *26*, 124–148.

Shepherd, G. J. and O'Keefe, D. J. (1984) Separability of attitudinal and normative influences on behavioural intentions in the Fishbein-Ajzen model. *Journal of Social Psychology*, *122*, 287–288.

Sherif, M. and Hovland, C. I. (1961) *Social judgement: assimilation and contrast effects in communication and attitude change*. New Haven, CT: Yale University Press.

Sherif, M., Harvey, L. J., White, B. J., Hood, W. R. and Sherif, C. W. (1961) *The Robbers Cave experiment: inter-group conflict and co-operation*. Middletown, CT: Wesleyan University Press.

Sigall, H. (1997) Ethical considerations in social psychological research: is the bogus pipeline a special case? *Journal of Applied Social Psychology*, *27*, 574–581.

Sluckin, W., Colman, A. M. and Hargreaves, D. J. (1980) Liking words as a function of the experienced frequency of their exposure. *British Journal of Psychology*, *71*, 163–169.

Smith, B. L., Lasswell, H. D. and Casey, R. D. (1946) *Propaganda, communication and public opinion*. Princeton, NJ: Princeton University Press.

Snyder, M. and DeBono, K. (1989) Understanding the functions of attitudes: lessons from personality and social behaviour. In: A. R. Pratkanis, S. J. Breckler and A. G. Greenwald (eds), *Attitude structure and function*. Hillsdale, NJ: Erlbaum.

Steele, C. M. (1988) The psychology of self-affirmation: sustaining the integrity of the self. In: L. Berkowitz (ed.), *Advances in experimental social psychology, vol. 21*. New York: Academic Press.

Steele, C. M., Southwick, L. L. and Critchlow, B. (1981) Dissonance and alcohol: drinking your troubles away. *Journal of Personality and Social Psychology*, *41*, 831–846.

Stiff, J. B. (1986) Cognitive processing of persuasive message cues: a meta-analytic review of the effects of supporting information on attitudes. *Communication Monographs*, *53*, 75–89.

Stiff, J. B. and Boster, F. J. (1987) Cognitive processing: additional thoughts and a reply to Petty, Kasmer, Haugtvedt and Cacioppo. *Communication Monographs*, *54*, 250–256.

Stone, D. (1998) Principles and pragmatism in the privatisation of British higher education. *Policy and Politics*, *26*, 3, 255–271.

Sutton, S. (1987) Social psychological approaches to understanding addictive behaviours: attitude-behaviour and decision-making models. *British Journal of Addiction*, *82*, 355–370.

Terry, D. J. and Hogg, M. A. (2000) *Attitudes, Behaviour and Social Context: The Role of Norms and Group Membership*. Mahwah, NJ: Erlbaum.

Tesser, A. (1993) The importance of heritability in psychological research – the case of attitudes. *Psychological Review*, *100*, 129–142.

Tesser, A. (1998) Attitude heritability, attitude change, and physiological responsivity. *Personality and Individual Differences*, *24*, 89–96.

Thomas, W. I. and Znaniecki, F. (1918) *The Polish peasant in Europe and America*. Boston: Badger.

Thurstone, L. L. (1931) The measurement of social attitudes. *Journal of Abnormal Social Psychology*, *26*, 249–269.

Thurstone, L. L. and Chave, E. J. (1929) *The measurement of attitudes*. Chicago: University of Chicago Press.

Tourangeau, R., Smith, T. W. and Rasinski, K. A. (1997) Motivation to report sensitive behaviours on surveys: evidence from a bogus pipeline experiment. *Journal of Applied Social Psychology*, *27*, 209–222.

Valdiserri, R. O., Arena, V. O., Proctor, D. and Bonati, F. A. (1989) The relationship between women's attitudes about condoms and their use: implications for condom promotion campaigns. *American Journal of Public Health*, *79*, 499–503.

van Harreveld, F., van der Pligt, J. and de Vries, N. K. (1999) Attitudes towards smoking and the subjective importance of attributes: implications for changing risk benefit ratios. *Swiss Journal of Psychology*, *58*, 65–72.

Warr, P. B. (1965) Proximity as a determinant of positive and negative sociometric choice. *British Journal of Social and Clinical Psychology*, *4*, 104–109.

Wicker, A. W. (1969) Attitudes versus actions: the relationship of verbal and overt behavioural responses to attitude objects. *Journal of Social Issues*, *25*, 41–78.

Witte, K. (1992) Putting the fear back into fear appeals: the extended parallel process model. *Communication Monographs*, *59*, 329–349.

Wood, J. V. (1989) Theory and research concerning social comparisons of personal attributes. *Psychological Bulletin*, *106*, 231–248.

Wood, W. and Eagly, A. H. (1981) Stages in the analysis of persuasive messages: the role of causal attributions and message comprehension. *Journal of Personality and Social Psychology*, *40*, 246–259.

Zajonc, R. B. (1968) Attitudinal effects of mere exposure. *Journal of Personality and Social Psychology Monograph Supplement*, *9* (2), 1–27.

Zhang, X., Wang, L., Zhu, X. and Wang, K. (1999) Knowledge, attitude and practice survey on immunization service delivery in Guangxi and Gansu, China. *Social Science and Medicine*, *49*, 1125–1127.

# 찾아보기

Index

ㄱ

### ㅎ



### 기타

## 역자약력

**고은경**

이화여대 및 동대학원 교육심리학과 학사, 석사

뉴욕 주립대학교 대학원 심리학과 박사 과정 수료